일기에 남기고 싶은 시간

일기에 남기고 싶은 시간

지은이 | 김한요
초판 발행 | 2019. 8. 21
등록번호 | 제1988-000080호
등록된 곳 | 서울특별시 용산구 서빙고로65길 38
발행처 | 사단법인 두란노서원
영업부 | 2078-3352   FAX | 080-749-3705
출판부 | 2078-3331

책값은 뒤표지에 있습니다.
ISBN 978-89-531-3588-8   03230

독자의 의견을 기다립니다.
tpress@duranno.com   www.duranno.com

일기에 남기고 싶은 시간

Date :

Time :

Weather :

김한요 지음

일상에서
카이로스를 만드는
묵상

Kairos Diary

두란노

목차

Prologue - 8
———— 뒹구는 낙엽 속에도 주님의 마음이 있습니다 ————

1부

시련을 이겨야 좋은 열매를 남긴다

은혜가 머물 여백이 필요합니다 14

고난도 달란트입니다 16

상처가 인생의 무늬를 만듭니다 19

복음은 내 용량을 키웁니다 22

비난은 풍선껌 같습니다 24

기다림은 오늘을 사는 힘입니다 26

풍랑 때문에 더 빨리 갑니다 30

밤길 만난 인생에서 말씀이 조명탄입니다 32

재난은 하나님 책임이 아니라 우리 죄 때문입니다 35

염려는 교만과 욕심에서 나옵니다 38

고난의 혹이 면류관이 됩니다 40

인생의 길을 잃었을 때 42

집으로 돌아가면 사막이 끝납니다 46

끝인 줄 알았던 그 자리에 시작이 있습니다 48

무엇을 가리키는 손가락입니까? 51

용서밖엔 구할 게 없습니다 54

2부

일상에 남기는 예수의 흔적

인생은 붙드는 것과 놓아 주는 것 사이의 균형입니다 58

속도보다는 같이 가는 것이 더 중요합니다 61

하나도 버릴 게 없는 삶이고 싶습니다 64

마음은 입으로 나오는 말로 지켜집니다 66

하나님 나라에는 천재보다 성도가 필요합니다 68

오늘은 5000:1의 확률을 뚫은 기적입니다 70

크리스마스트리보다 붙박이가 좋습니다 72

방향과 동행의 균형이 중요합니다 74

따뜻한 온도의 언어를 선물하세요 77

혀의 권세는 기도 응답과 연결됩니다 80

좋은 태도는 힘이 셉니다 82

격려 한마디가 1,400만 명을 구했습니다 84

다 각자의 사정이 있는 겁니다 87

신발을 신어 보기 전엔 모릅니다 91

마음을 다할 때 행복의 열매를 거둡니다 94

이름을 불러 주세요 97

내가 남길 이름에 구두약 좀 칠해 줍시다 100

끝은 다가오는데, 세월을 아끼고 있습니까? 103

3부

허물은 덮고 사랑만 남긴다

예수님과의 첫 만남을 기억합니까? 108

아버지 천국 가시던 날 111

하늘 아버지께 인정받는 길 113

버리고 싶은 남편, 데이트 하고 싶은 남편 116

그래서 하나님도 자꾸 말을 거시나 봅니다 119

속물 부모라도 자식을 위해서라면 뭐든 합니다 122

맛있는 것 혼자 먹으면 나쁜 사람입니다 125

서로를 위해 붙들어야 하는 밧줄이 있습니다 127

하나님 말씀은 우리의 주름을 다림질합니다 130

아빠, 바빠, 나빠 133

쉰다섯의 중년도 아버지가 보고 싶습니다 136

목욕탕에서 등 밀다 보니 허물도 벗겨집니다 138

같이하는 것이 교회입니다 141

세상이 변한 것 같지만 내가 변한 겁니다 144

오늘을 이기는 비결이 마지막을 이기는 비결입니다 146

4부

십자가를 지는 삶만 남는다

죄를 이기는 힘은 사랑입니다 150

죽었어야 했는데 십자가로 엇갈렸습니다 152

영적 내시경을 정기적으로 해야 삽니다 155

공갈 젖꼭지 같은 설교로는 굶어 죽습니다 158

미지근한 것이 싫어 기도합니다 161

거짓 관용을 피하십시오 163

독도가 누구 땅입니까? 166

교회가 비만 되지 않게 계속 선교 나가십시오 169

대상포진 덕에 십자가 은혜가 더 진해집니다 171

사막이라야 물 귀한 줄 압니다 174

예수님도 우셨는데 내 눈물이 마르면 되겠습니까 177

영혼에 낀 지방간 빼려면 기도밖에 없습니다 179

복음과 능력은 그대로인데 우리가 변했습니다 182

너무 편하게 목회했습니다 184

밑 빠진 독에 물 부어도 열매가 있습니다 187

성찬식은 예수님과 한편 먹는 날입니다 190

주님을 사랑하니까요 192

뒹구는 낙엽 속에도 주님의 마음이 있습니다

누구에게나 하루 24시간이 공평하게 주어집니다. 그 시간에 수많은 일들이 지나갑니다. 그중에 내 생각과 감정을 만져 주는 교훈들이 있습니다. 그 순간을 기록하지 않으면 그냥 잊어버리게 됩니다. 그러나 기록을 하면 별것 아닌 일들이 주님을 만나는 값진 시간이 되기도 합니다.

정말 괴로웠던 기억들을 지우는 심리치료가 있다고 들었습니다. 그러나 성경적인 치유는 지우는 것이 아니라 은혜와 감사의 기억으로 대체하는 것입니다. 사실 은혜와 감사는 그리 먼 곳에 있지 않습니다. 시원하게 내리는 장대비, 산들산들 부는 봄바람에도 주님의 호흡이 느껴질 때가 있습니다. 뒹구는 낙엽 속에 느껴지는 주님의 마음이 있습니다. 종이 위의 활자일 뿐이던 글 속에서 때때로 살아 움직이는 주님의 모습을 상상할 때도 있습니다.

그래서 저는 칼럼을 씁니다. 누구에게나 주어지는 평범한 24시

간 속에서 주님을 만나는 감흥과 눈물과 깨우침을 기록하다 보면 그 시간이 특별해집니다. 말씀과 기도 속에 던져 주시는 메시지가 있습니다. 시곗바늘이 움직이는 크로노스에서 일기에 남기고 싶은 시간, 카이로스를 남기는 것이 칼럼을 쓰는 이유입니다.

저는 개인적으로 칼럼을 쓰면서 하나님이 주시는 복을 좀 더 민감하게 기억하는 습관을 기른 것 같습니다. 그냥 지나칠 수 있는 상황에서 하나님을 만나는 색다른 경험들을 글로 담아내면서 '은혜 기억 상실증'이라는 병을 조금씩 극복해 가려고 몸부림쳐 봅니다.

기억상실증은 병입니다. 불필요한 것은 잊어서 좋기도 하지만, 우리는 좋은 것을 많이 잊기도 합니다. 저는 매일에 하나님이 주신 수많은 선물들이 있다고 믿습니다. 우리는 그중 몇 개를 기억하고 감사를 드립니다. 그러나 우리가 정말 잘 기억한다면, 더 많은 감사와 영광을 하나님께 돌릴 수 있다고 믿습니다.

그렇게 나무 한 그루, 꽃 한 송이에서도 은혜를 기억하며 매주 주보에 칼럼을 써 온 지 어느새 25년이 넘었습니다. 처음에는 글을 제대로 쓸 줄 몰라서 힘들었습니다. 어휘력도 부족했고, 묘사가 마치 초등학생 같다는 생각도 했습니다. 지금도 비슷한 어려움이 있지만, 더 어려운 것은 글의 소재를 찾는 일입니다. 그만큼 칼럼을 쓸 때는 사물을 깊게 들여다보는 시선과 묵상이 필요합니다. 영화나 신문기사를 읽을 때에도 영적인 진리를 반추하는 부분을 읽어 내고 글로 옮기는 훈련을 해야 합니다. 그런 면에서 매일 큐티를 하며 익힌 묵상 훈련이 칼럼을 쓰는 데 많은 도움이 되는 것 같습니다.

그간의 기록들이 책으로 나오게 되었습니다. 한편으로는 부끄러우면서도 또 한편으로는 감사할 뿐입니다. 별로 특별하지 않은 글을 내놓게 된 부끄러움과 그래도 평범한 글 속에서 비슷한 깨달음을 공유한 독자들이 있어 감사합니다.

전 과정을 꼼꼼하게 챙겨 주신 강문구 목사님과 진지하게 의견을 나누어 주셔서 좀 더 세련되게 책이 나오도록 애써 주신 최현정 집사님, 여홍평 집사님께 감사드리며, 매주 저의 글을 읽고 날카로운 비평과 따뜻한 격려를 해주신 베델 성도님들께 감사드립니다.

2019. 8. 얼바인 서재에서

1부

시련을 이겨야

좋은 열매를 남긴다

은혜가 머물
여백이 필요합니다

오랫동안 가뭄에 시달리던 남가주가 우기에 내린 비로 완전히 해갈되었다고 합니다. 남가주에 이사 온 지 벌써 12년이 넘었는데, 이렇게 비가 계속 오는 것을 본 적이 없습니다. 캘리포니아의 주요 수자원인 시에라네바다 산맥에도 충분한 눈이 쌓여서 당분간 걱정이 없다고 합니다. 계속 내리는 비 때문에 출퇴근 길이 조금 불편했지만, 남가주가 가뭄에서 벗어났다는 소식이 참 반갑습니다.

풍성하게 저장된 물을 보니 수돗물이 자주 끊기던 어린 시절, 큰 대야에 미리 물을 잔뜩 받아 놓고 그걸 보며 뿌듯해하던 기억이 납니다. 그러고 보면 여유라는 것은 마치 책에 글씨가 인쇄되지 않은 하얀 여백 같습니다. 제 성경책은 여백이 넓은데, 일부러 필기를 맘껏 하려고 여백이 넓은 성경책을 사기 때문입니다. 나중에 필기해 놓은 페이지를 보면서 흐뭇한 마음으로 받았던 은혜를 기억해 냅니다. 아직 하얀 여백을 보면 앞으로 어떤 은혜가 기록될지 기대로 설렙니다. 제 마음에는 은혜가 머물 여백만큼이나 기대로 가득 차게 됩니다.

　여백은 단순한 공백이 아닙니다. 푸르른 하늘에 몇 점 떠 있는 구름이 하늘의 여백을 알려 주듯이 먹구름 같은 인생의 고비들이 오히려 푸르른 하늘을 볼 수 있는 여백을 느끼게 해줍니다. 은혜 받은 자들만이 아는 여백입니다. 때론 폭풍 몰아치는 힘든 고난을 통과하며 항해하지만, 망망한 바다의 여백을 보는 시야를 얻게 되는 은혜라 할 수 있습니다. 고난 때문에 좌절하지 않고 삶의 여유를 갖는 은혜입니다.

　저는 예배를 가뭄 속에 내리는 해갈의 장대비라고 생각합니다. 매일 분주한 스케줄에 여유도 없이 뛰어다니다가 하나님의 여백을 만드는 시간이 예배인 것입니다. 장대비를 맞은 만큼 가뭄에 갈라진 땅이 메워지듯이 우리의 메말랐던 심령이 은혜의 비로 흥건히 젖어 해갈됩니다. 은혜의 말씀이 심령에 쌓이면 제 성경책처럼 삶에 여백이 생기기 시작합니다.

　말씀을 듣고 하나님을 찬양하면서 갈한 심령에 퍼부어 주시는 해갈의 은혜가 충만하기를 기도합니다. 한없이 넓은 창공을 유영하며 바람과 경치도 즐기는 삶의 여유가 있기를 바랍니다.

고난도
달란트입니다

기도제목을 나누는 중학교 동창이 있습니다. 얼마나 신실하게 신앙생활을 하는지, 입에 침이 마르도록 칭찬을 해도 모자란 친구입니다. 저로서는 그 친구가 집사로 섬기는 교회 목사님이 부러울 정도입니다.

하루는 그 친구에게 전화가 왔습니다. 미국에 정착하면서 부모님처럼 섬기며 따르는 장로님과 권사님이 계신데, 폐암 판정을 받았다며 기도를 부탁했습니다. 마침 제 아버지도 폐암으로 3개월 가까이 입원하셨다가 안정을 찾고 퇴원하려는 차에 걸려온 전화였습니다. 저는 친구에게 아버지 이야기를 하며 함께 기도하자고 했습니다. 울먹거리던 친구도 제 이야기를 들으며 마음에 안정을 찾는 것 같았습니다.

"기도 외에 다른 것으로는 이런 종류가 나갈 수 없느니라"(막 9:29)는 말씀이 맞습니다. 연약한 한 사람을 세우심이 또 다른 연약한 자를 향한 위로와 소망임을 확인하며 하나님께 감사를 드

16

립니다.

꼭 육신의 질병이 아니더라도 우리는 모두 남다른 아픔과 씨름하며 살아갑니다. 그런데 이 싸움은 단순한 힘겨루기와는 다릅니다. 내가 지금 겪는 시간은 비슷한 아픔을 겪고 있는 또 다른 사람을 향한 하나님의 섭리일 수 있습니다. 그래서 우리는 이 싸움에서 포기할 수 없습니다.

남보다 많이 가진 것을 우리는 달란트나 은사라고 말합니다. 노래를 남보다 잘하면 노래에 달란트가 있다고 합니다. 어떤 사람은 손재주가 좋고, 어떤 사람은 암기력이 탁월합니다. 성격이 좋아서 베푸는 은사가 있는 사람도 있습니다. 그런데 여기에 하나 더 추가할 것이 있습니다. 고생을 남보다 많이 한 '고생 달란트'입니다.

달란트는 남을 위해 쓰라고 하나님이 주신 것입니다. 남보다 더 가진 재주나 실력, 재력만 남을 위해서 쓰는 것이 아니라, 지긋지긋했던 고생도 비슷한 상황에 처한 사람을 위로하라고 하나님이 주신 달란트입니다.

제 아버지도 폐암 진단을 받으시고 "내가 살 이유가 없다"고 하시며 식사를 거부하신 적이 있습니다. 아무리 음식을 코앞에 떠드려도 손으로 입을 막고 틈을 내주지 않으셨습니다. 그때는 정말 피가 마르는 것 같은 기분이었지만, 시간이 지나 주위의 설득과 격려로 다시 음식을 드셨고, 차도가 생기면서 퇴원하셨습니다. 그 사실 하나로 또 다른 투병 환자에게 소망이 되어 용기를 주기도

했습니다.

　　사랑한 만큼 보이고 눈물 난 만큼 섬깁니다. 내 눈에 눈물 나게 한 일은 처량한 인생 타령하라고 주신 것이 아니라, 눈물 흘리는 이웃을 섬기라고 주신 것입니다. 하나님이 우리에게 이유 없이 주신 달란트는 없습니다. 한 달란트 받은 종처럼 그 달란트를 그냥 땅에 묻어 놓는 사람이 없기를 바랍니다. 고난도 달란트입니다.

상처가
인생의 무늬를 만듭니다

　이스라엘에 갈 때마다 은혜를 받고 회복을 체험하는 곳이 있습니다. 갈릴리 바다입니다. 특별히 '베드로 수위권 교회'라 부르는 곳에, '그리스도의 식탁'(Mensa Christi), 즉 제자들에게 아침 밥상을 차려 주셨다는 바위에 엎드려 "네가 나를 사랑하느냐?"고 베드로에게 물으시던 주님의 음성을 듣습니다.

　믿었던 수제자 베드로가 세 번씩이나 주님을 부인하고 저주했던 것을 생각하면 인간적으로 따지고 싶었을 현장일 텐데, 주님은 오히려 조반을 차려 주시면서 무언의 사랑을 먼저 베풀어 주십니다. 안 그래도 죄책감과 미안함, 후회와 좌절, 패배감에 눌려 있었을 베드로는 주님의 아침상에 눈물부터 흘리지 않았을까 싶습니다. 그런데 눈물과 함께 마음이 녹아내리던 그 순간에 주님은 "네가 나를 사랑하느냐?"라고 물으십니다.

　갈릴리 바다 앞에서 저는 2천 년 전 베드로가 되어 주님 앞에 섭니다. 베드로가 들었던 주님의 음성을 제가 듣습니다. 너무

나 부끄럽고 죄송해서 말도 못 하고, 베드로처럼 그냥 예수님의 밥상을 다시 받아들고 눈물만 흘렸습니다. 그때 저는 배신한 제자들을 먹일 밥상을 준비하시는 주님의 마음을 조금도 헤아리지 못한 인색한 제 마음이 너무 부끄러웠습니다. 지금까지 받은 은혜가 결코 나의 열심이나 헌신에 대한 대가가 아니라 전적인 은혜였음을 자주 망각하는 죄가, 달궈진 칼끝에 데듯 뜨겁게 다가왔습니다.

가끔 이 은혜가 희박해지는 듯하면 은혜의 칼끝에 덴 가슴을 들여다보곤 합니다. 정호승 시인은 "상처 많은 나무가 아름다운 무늬를 만든다"고 했습니다. 아마 상처 없이 사는 사람은 없을 것입니다. 일방적으로 받은 상처일 수도 있겠지만, 많은 경우 자기의 죄와 불순종, 혹은 억울한 상황에 성숙하지 못한 모습이 복잡하게 엉켜 있는 결과일 것입니다. 요즘엔 '상처'라는 단어가 남용되는 감이 없지 않지만, 시간이 지나도 남아 있는 주사 자국처럼 지워지지 않는 흔적들은 분명 있습니다.

제게도 그 영적인 흔적이 심장 수술을 받은 것처럼 가슴에 진하게 남아 있습니다. 때로는 보기 싫지만 여전히 남아 있습니다. 죄를 용서 받았지만 그 흔적은 또렷이 남아 있습니다. 주님도 기억하지 않겠다고 하셨던 저의 죄악들이 선명하게 남아 있습니다.

그런데 그 상처가 무늬를 만들어 내고 있는 것을 발견합니다. 은혜가 넘칠 때는 '계속 잘 달려가라' 하는 격려의 무늬가 되고, 부끄러울 때는 밥상 들고 계시는 주님을 생각나게 하는 무늬가 됩니다. 과거 불순종한 죄로 남겨진 상처는 우리의 기를 죽이려는 의도가 아니라, 하나님이 여기까지 도우셨다는 인생의 이정표와 같은 흔적이라는 것을 깨닫습니다.

내 상처는 지금 어떤 무늬를 만들고 있나요?

복음은
내 용량을 키웁니다

김희아 집사님 간증을 들었습니다. 얼굴에 붉은 반점을 갖고 태어났다는 이유로 부모에게 버림받은 집사님은 고아원에서 자라면서 사람들의 시선이 무서워 땅만 보며 걸었다고 했습니다. 그 아픔을 어떻게 짐작할 수 있겠습니까? 이야기를 들으며 제 마음이 따끔거렸던 이유는 '나는 안 그랬을 텐데'보다는 '어쩌면 나도 그를 무시하고 조롱하는 무리 중 한 사람이 아니었을까?' 하는 돌아봄이 있었기 때문입니다.

그러나 집사님은 그 무섭던 사람들의 시선을 극복하고 지금은 누구보다 건강한 자긍심과 자존감을 지닌 사람으로 회복했습니다. 간증 마지막 부분에 얼굴도 모르는 엄마에게 "저를 낳아 주셔서 감사합니다!" 하고 고백하기도 했습니다. 저는 그분의 건강한 자긍심이 어디서 오는지 알았습니다. 그 힘은 어린 딸들에게서 오는 것이었습니다.

하루는 딸이 집사님 품에 안겨 "엄마는 엄마가 없어서 불쌍해"라고 말하며 꼭 안아 주었는데, 그때 지금껏 받지 못했던 엄마의 사랑을 느꼈다고 합니다. 또 한번은 딸이 학교 끝나고 집으로 돌아오는 길에 엄마에게 주겠다고 붕어빵을 사왔는데, 꼬리 부분이 없더랍니다. 고소한 빵 냄새를 이기지 못해 잘라 먹고 꼬리 없는 붕어빵을 엄마에게 내민 것입니다. 딸과 그런 일상을 보내며 평생 몰랐던 엄마의 사랑을 받았다는 집사님의 말이 지금까지도 제 마음을 먹먹하게 합니다. 엄마에게 버림받은 상처를 딸을 통해 치유 받게 하시는 하나님의 연출력에 놀랄 뿐입니다.

사랑을 받으면 남의 마음에 들어가 보는 여유가 생깁니다. 심지어 자신을 버린 엄마의 마음에까지 들어가 '갓난아이 얼굴에 있는 붉은 반점을 보는 엄마의 마음이 얼마나 안타까웠을까'라고 헤아릴 수 있는 여유가 생기는 것입니다. 저는 이것을 '복음의 공간'이라고 부릅니다. 복음의 능력은 이렇게 작용합니다. 나를 버린 엄마가 돌아와 직접 '잘못했다'며 진심 어린 사과를 할 수도 있겠지만, '그런 엄마를 용서하고 받아들일 수 있는 나'로 용량을 확대하는 것입니다.

보통 심리 치료 과정에서는 가해자의 사과를 직접 받아야 회복된다고 합니다. 그러나 복음은 딸을 통해 '엄마의 사랑'을 찾게 합니다. 기대하지 않았던 제3자를 통해 치유하는 것이 바로 복음의 확대 능력입니다. 원수의 목전에서 상을 베푸시는 하나님의 연출력은 원수를 내 앞에 무릎 꿇리는 것이 아니라, 그 원수를 안을 수 있는 마음으로 확대시키는 것임을 깨닫는 시간이었습니다.

비난은
풍선껌 같습니다

2013년 여름, 잠시 쉴 기회가 있을 때 이웃에 있는 새들백 교회를 찾아 예배드린 적이 있습니다. 릭 워렌 목사님의 아들이 우울증으로 자살한 충격 속에 몇 개월 치유 기간을 갖고 처음으로 설교 사역을 시작한 주일이었습니다. 어떤 설교를 할지 참 궁금했습니다. 당시 기사들을 보면 그를 향한 비판도 만만치 않았던 것을 기억합니다. '아들을 어떻게 가르쳤기에 자살을 하느냐', '바깥일은 잘했는지 모르지만 집안은 돌보지 않았다' 하는 공격이 그를 괴롭게 했을 것 같습니다. 이런 비판 속에 목회를 지속할 수 있을까 걱정도 되었지만, 교회는 슬픔과 절망 속에 있는 목사님과 사모님이 일어날 수 있도록 몇 개월의 쉼을 배려했습니다.

회복 후 2년 전 여름부터 사역을 본격적으로 시작한 릭 워렌 목사님은 아픔을 회상하며 이렇게 이야기했습니다.

"풍선껌 같은 비난은 곱씹어 보되 삼키시는 마십시오."

풍선껌은 어린 시절의 추억입니다. 왜 그렇게 풍선껌이 재미있던지요? 불다 지쳐서 풍선껌을 책상 밑에 붙여 놓았다가 다시 씹기도 했습니다. 그런데 아무리 풍선껌이 좋아도 삼킨 적은 없습니다. 우리에게 다가오는 비난을 그렇게 대처하라는 교훈이었습니다. 풍선껌은 얼굴을 가릴 만큼 커 보이지만, 실상은 곧 터져버립니다. 아니 터뜨리기 위해서 부는 것이 풍선껌이라고 할 수 있습니다. 실상은 커 보이지만 별것 아니라는 것입니다. 우리에게 다가오는 비난이 결코 유쾌할 수 없고 때로는 얼토당토않게 크게 부풀려져 우리를 주눅 들게 하지만, 결국 풍선껌은 터진다는 사실을 잊지 말아야 합니다.

나를 향한 비난이 부풀려졌다고 너무 괴로워하지 말고 곧 터질 허상이라 생각하고 인내해야 합니다. 풍선껌은 터지는 순간 얼굴에 쫙 달라붙을 때가 묘미입니다. 비난 받을 때는 기분이 나쁘고 때론 폭발 직전까지 가지만 풍선껌을 터뜨리며 놀듯이 즐기라는 의미도 있습니다.

풍선껌 비난에 명심할 것 또 하나는, 아무리 힘들고 자포자기하고 싶은 순간이 와도 그것에 함락당해서는 안 된다는 것입니다. 그것은 마치 풍선껌을 꿀꺽 삼켜 버린 것과 똑같습니다. 풍선껌에 맞아 실신한 것과 마찬가지입니다. 조금 기분 나쁜 말을 들었다고 넘어지면 안 됩니다. 풍선껌은 들고 다니지도 말고, 삼키지도 말고, 조금 씹다가 쓰레기통에 "퉤" 하고 뱉어 버립시다.

기다림은
오늘을 사는 힘입니다

무언가를 기다리고 있습니까? 당신은 정말 행복한 사람입니다. 기다림은 의미 없이 흘러가는 반복된 일상에 활력을 더하는 양념 역할을 합니다.

처음으로 친구들을 초대해 생일파티를 열어 준다는 엄마의 약속 한마디에, 자기 생일을 기다리던 어린 딸의 표정을 잊을 수가 없습니다. 신이 난 딸은 일주일 내내 들떠서 이전에 볼 수 없었던 '충만한' 모습을 보여 주었습니다. 결혼 20년 만에 온 가족 해외여행 날짜를 잡아 놓은 주부를 상상해 보십시오. 늘 어깨가 무거웠던 식사 준비가 오늘은 요리 하나라도 더하고 싶은 의욕으로 가득 차오릅니다. 설거지를 하는데 갑자기 콧노래가 나오기 시작합니다. 다가오는 가족 휴가를 기다린다는 것은 오늘 저녁 메뉴도 바꾸는 힘이 있습니다.

이처럼 기다림은 막연하던 내일의 방향을 보여 주기도 하고, 지루한 무채색의 오늘을 총천연색으로 바꾸기도 합니다. 기다림은 아직 이루어지지 않은 현실이지만 오늘을 살아가는 힘이 됩니다.

한 연구단체에서 17세부터 85세 사이 2만 3,000명의 행복도를 조사했다고 합니다. 조사 결과 사람들은 55세 전후에 가장 좌절감을 느끼는 반면, 20대와 70대에 최상의 행복을 누린다고 합니다. 20대의 젊은이들이 누리는 행복은 언뜻 이해가 되지만, 70대에 최상의 행복을 느낀다는 결과 보고는 좌절의 50대(?)를 살고 있는 저에게 또 다른 기다림으로 설레게 합니다.

연구에 따르면, 50대는 이루지 못한 꿈에 대해 좌절하고, 60대는 현실을 받아들이고, 70대부터는 자족의 비결을 배우기 때문에 행복하다고 합니다. 하지만 저는 70대가 되면 또 다른 꿈이 기다리고 있기 때문이라고 분석하고 싶습니다. 바로 천국의 꿈입니다. 나이 들어 힘도 없고 젊을 때처럼 운동은 못해도 20대가 맛볼 수 없는 70대의 꿈 같은 날이 저를 기다리고 있다고 믿습니다.

교회는 기다림의 열매였습니다. "약속하신 것을 기다리라"(행 1:4)는 주님의 명령을 받고 제자들이 다락방에 모여 오로지 기도에 전념했을 때, 성령이 오시면서 탄생한 것이 교회이기 때문입니다. 그래서 교회는 체질상 기다림의 공동체입니다. 기다리던 성령님과 함께 태동한 교회는 하늘로 승천하신 예수님이 세상의 심판주로 다시 오실 날을 기다리며 오늘을 이어 가는 공동체입니다.

지난 2천 년을 기다린 세월이 현재 교회의 근력이고, 기본기입니다. 히브리서 기자는 교회를 향하여 이렇게 말씀합니다. "안식할 때가 하나님의 백성에게 남아 있도다"(히 4:9). 가장 최고의 보상으로 찾아올 '안식'을 저는 오늘도 구체적으로 꿈꿉니다.

어느 날 주님께서 제 인생의 문을 열고 찾아오셔서 "잘하였도다 착하고 충성된 종아"(마 25:21)라고 말씀하실 그날을 기다리며 오늘도 달려갑니다.

풍랑 때문에
더 빨리 갑니다

화창한 날에 갑자기 강한 바람이 붑니다. 전기톱을 켜고 있는 듯한 날카로운 바람 소리가 마당을 훑고 지나갑니다. 등 떠밀 듯이 들이닥친 거센 바람이 순식간에 머리를 봉두난발로 만들어 놓습니다. 거리의 제법 굵은 나뭇가지들은 성냥개비 부러지듯 꺾이고, 얼기설기 엮어 놓은 양철집들이 한꺼번에 넘어지기도 합니다. 한낮인데도 새까만 구름이 몰려와 깜깜해지고 세찬 바람이 천둥, 번개와 함께 비를 몰고 와 뿌려대기도 합니다.

이렇게 갑자기 지나가는 바람에 혼쭐이 나지만, 남아프리카공화국 케이프타운에서는 이 바람에게 '닥터'라는 이름을 붙여 줍니다. 일명 케이프 닥터(Cape Doctor)입니다. 왜냐하면 이 풍랑이 도시의 모든 더러운 공기를 깨끗하게 청소하며 쓸고 가기 때문입니다. 케이프 닥터가 불고 가면 보이지 않던 먼 산들이 또렷하게 눈에 들어옵니다. 공해 없는 청명한 공기를 마실 수 있는 이유가 바로 가끔 난리 치며 불어대는 바람 때문입니다.

"이 풍랑으로 인하여 더 빨리 갑니다"(새찬송가 373장)라는 찬송가 가사가 생각납니다. 세차게 불어 닥친 풍랑 때문에 정신이 없지만, 지나가고 나면 그 덕에 가을 단풍이 붉게 물들듯이 신앙도 풍랑이 지나가면 철이 듭니다. 주님은 풍랑의 수술칼을 들어 우리 죄악의 종양들을 제거하고, 시원하고 건강한 은혜의 세월들을 되찾게 하십니다. 또 풍랑은 여기저기 오염되었던 죄악의 매연을 깨끗이 청소합니다. 그래서 맑고 높아진 가을 하늘처럼 청명해진 공기를 들이마시면 속이 다 시원한 새 삶을 살게 됩니다. 그런 의미에서 풍랑도 우리의 고질병을 치료하는 닥터입니다.

베델교회가 설립 40주년을 맞았습니다. 우리가 지금 이곳에서 시원한 바람을 만끽하는 이유는 40년 세월 동안 가끔씩 세차게 불었던 바람 때문이 아니었을까 싶습니다. 40년 베델의 역사가 항상 순풍에 돛 달고 항해한 것만은 아니었습니다. 케이프 닥터처럼, 풍랑 때문에 더 빨리 간다는 찬송가 가사처럼, 혹 타성에 젖어 기름 끼듯 둔해진 우리에게 기도의 무릎을 꿇게 하시며 영적 게으름과 죄악의 오염들을 말끔히 청소하게 하는 바람들이 있었습니다. 종말을 고하듯 초목을 뒤흔들며 검은 먹구름을 몰고 찾아온 바람들은 예수님 때문에 오히려 우리 안에 거대한 부흥의 바람으로 바뀌었습니다. 하나님께서 몰고 오시는 거룩한 바람에 죄악의 오염을 씻어 내고, 영적 대부흥의 역사를 새롭게 써 가는 출발점이 되기를 기도합니다.

밤길 만난 인생에서
말씀이 조명탄입니다

담임 목회 초창기 시절, 대학생들과 함께 인근 산으로 하이킹을 간 적이 있습니다. 당시 4살이던 딸과 2살이던 아들을 데리고 갔는데, 해가 저물 무렵 산을 내려왔습니다. 이른 아침부터 대학생 언니, 오빠, 형들과 놀았던 두 아이가 피곤하다며 칭얼거리기 시작했습니다. 아내와 저는 힘들었지만, 아이들을 업고 내려와야 했습니다.

이미 많이 어두워진 상태에서 앞에 가는 학생들의 속도를 따라잡지 못하고 뒤로 쳐져, 그만 일행을 놓치고 길을 잃고 말았습니다. 한 시간 가량 아이를 업고 어두운 산길을 헤맸던 것 같습니다. 당시는 휴대폰도 없었던 때라 다른 사람에게 연락할 수도 없었습니다. 무작정 내리막길로 갔다가 길이 끊기고, 때론 길이 보이지 않아 발을 헛디뎌 다칠 뻔하기도 했습니다. 겨우 찻길까지 내려왔는데, 완전히 반대편으로 내려와 일행과는 한 시간이 흐른 후에야 만날 수 있었습니다. 길을 모르는 값을 톡톡히 치렀던 날이었습니다.

"묵시가 없으면 백성이 방자히 행하거니와"(잠 29:18)라고 했습니다. 하나님이 앞을 보여 주지 않으면 백성은 제멋대로 살아 길을 잃고 헤매고 만다는 뜻입니다. 비전 없이 살면 망한다는 뜻입니다. 그러나 이 비전은 내가 하고 싶은 야망이라기보다는 하나님이 우리 인생에게 보여 주시는 것입니다. 그러므로 이 비전은 하나님의 계시의 말씀과 더불어 주어집니다.

"주의 말씀은 내 발에 등이요 내 길에 빛이니이다"(시 119:105)라고 성경은 말합니다. 말씀은 우리 인생이 걸어갈 길을 환히 밝히게 되어 있습니다. 밤길에 빛이 있는 것과 없는 것의 차이점은 경험해 보지 않은 사람은 모릅니다. 아무것도 안 보이는 어두컴컴한 산속에서 천근만근 아이를 들쳐 업고 비지땀을 흘리며 헤맸던 시간은 지금 생각해도 아찔합니다. 그때 손전등이라도 있었다면 얼마나 좋았을까요? 가로등도 없는 길에 손전등이 얼마나 고마웠을까요?

하나님의 말씀이 바로 '내 길의 빛'이라는 의미일 것입니다. 밤길 만난 인생에 하나님이 쏘아 올린 조명탄이 바로 하나님의 말씀입니다. 잠이 안 올 때 읽는 수면제 같은 것이 하나님 말씀이 아닙니다. 인생의 막다른 골목에서 만난 은인과 같고, 실연의 상처에 아파하거나 앞길 불투명한 자녀에게 찾아온 따뜻한 엄마의 손길 같고, 수수께끼와 같은 문제로 사방이 둘러싸인 상황 속에서 구출 작전을 벌이는 특전단 같고, 불치의 질병 속에 만난 명의 같은 것이 하나님의 말씀입니다. 인생이 별빛도 없는 밤하늘같이 깜깜합니까? 말씀을 펴십시오. 하나님이 팡팡 쏘아 올리는 조명탄을 보게 될 것입니다.

재난은 하나님 책임이 아니라
우리 죄 때문입니다

성경은 완전 의미로 하나님의 주권을 가르칩니다. 동시에 또 다른 완전 의미로 인간의 책임을 가르칩니다. 하나님에게 주권이 있다는 말은 세상만사 모든 일이 예외 없이 하나님의 영역 안에 있다는 것을 의미합니다. 만약 하나님의 영역에 속하지 않은 세상일이 있다면, 하나님은 더는 주권자가 아니시며, 하나님도 될 수 없습니다.

세상일의 대부분은 하나님께서 다스리지만, 10퍼센트 정도 하나님도 미치지 못하는 영역이 있다고 가정한다면 하나님은 더는 하나님이 아닙니다. 그러나 문제는 하나님의 주권이 미치지 못하는 영역이 있다고 느껴질 때가 우리에게 있다는 것입니다.

예를 들면 자연재해가 닥쳤을 때, 혹은 믿는 자들이 위험을 만나 속수무책으로 희생당했을 때, 하나님은 도대체 어디 계셨는가 묻게 되는 상황입니다. 이때 인간은 하나님께 책임을 묻고 싶어 합니다. 이 책임을 전적으로 하나님께 전가하는 극단의 예는

"하나님이 살아 계신다면 이런 일은 벌어질 수 없다"는 가정으로 발전해 하나님의 존재까지 부인하는 것입니다.

한편 성경은 인간이 행한 일에 대하여 철저히 책임을 묻습니다. 하나님은 인간이 행한 대로 갚으리라고 누누이 말씀하셨습니다(참고, 마 16:27, 롬 2:6, 딤후 4:14, 계 22:12). 그러나 문제는 인간은 스스로를 만물의 영장이라고 주장하며 자신의 권리를 내세운다는 것입니다. 인간의 주권을 주장하며 혹은 인권이라 포장된 이름 아래 인간이 행한 일로 그 누구의 간섭이나 책임 추궁을 받기를 원치 않습니다.

그러나 이러한 사고 구조를 성경은 죄인의 사고 구조라 명명합니다. 자신이 행한 일을 책임지기 싫어하는 발로가, 스스로 하나님처럼 되려고 선악과를 따먹은 원인이었습니다. 성경은 이런 사고 구조가 창궐했던 시대가 사사 시대라고 말합니다. '각각 자기 소견에 옳은 대로 행했던' 영적으로 가장 어두웠던 시대였습니다.

각종 대형 인사사고 이후 나오는 수많은 망언과 오해와 혼돈은 하나님의 주권을 외쳐야 할 때 인간의 주권을 주장하고, 인간의 책임을 논해야 하는 순간에는 하나님께 책임을 전가하는 죄악된 마음에서 나온 것입니다. 다시 생각을 바꾸어야 합니다. 하나님의 책임과 인간의 주권을 말하는 죄인의 마음에서 하나님의 주권과 인간의 책임을 선포하는 거듭난 크리스천의 마음이 아쉽습니다.

염려는
교만과 욕심에서 나옵니다

　지금도 그렇지만, 저는 성격상 걱정과 염려가 참 많은 편입니다. 덕분에 일을 꼼꼼히 챙기기도 하고 맡은 일은 문제없이 책임지고 마무리하는 스타일이기도 합니다. 일이 잘되면 고맙지만 안 되면 그때부터 마음에 오래 담아 두고 자책하며 우울해 하기도 합니다. 저는 오랫동안 성격 탓이라 생각하고 별 문제의식 없이 지냈습니다.

　그러나 이것은 성격 문제가 아니라 죄의 문제였습니다. 제리 브리지스(Jerry Bridges)는 《크리스천이 꼭 이겨야 할 마음의 죄》(Respectable Sins)에서 여러 가지 죄를 다루는 중에 바로 이 문제를 말하고 있습니다. 영어 제목을 직역하면 '고상한 죄'입니다. 이 책 제목처럼 저는 고상하게 죄를 짓고 있었습니다. 제 안에서 자라고 있는 염려라는 암 세포를 보약을 먹이며 키우고 있었던 것입니다.

　염려는 영적 질병입니다. 모든 사람이 짓고 있어서 그다지 죄라고 여기지 않는, 그러나 실상은 심각한 죄입니다. 너무 잘 먹어서 생긴, 현대인의 병이라고 부르는 당뇨와 혈압 같은 것입니다. 만병의 근원이기도 합니다. 보통은 죄를 지으면 부끄러워하는 것이 일반적인데, 죄를 지으면서도 부끄러움을 느끼지 못하는 경우가 많이 있다는 것을 깨닫습니다.

유약한 체질 때문에 혹은 우유부단한 성격 탓으로 늘 염려를 달고 다닌다고 생각했던 적이 있기 때문에 저는 이 염려의 죄를 깊이 파헤쳐야만 했습니다. 염려의 뿌리를 뽑아야 했기 때문입니다. 제가 깨달은 것은, 염려의 죄는 유약함에서 오는 것이 아니라 아주 깊이 박혀 있는 교만이라는 뿌리에서 온다는 것이었습니다. 다른 사람보다 더 잘하려는 욕심, 지고 싶지 않은 강한 교만에서 오는 것입니다.

이런 사람을 완벽주의자라고 부릅니다. 실수하는 꼴을 봐주지 않습니다. 그러나 그 바닥은 항상 일등을 하고 싶은 승부욕으로 가득 차 있습니다. 이 교만에서 자유로워지려면 내가 나를 증명하려는 욕심에서 자유해야 하고 나를 그대로 인정해 주시는 분, 나를 위해 십자가까지 지신 예수님을 내 인생의 주인으로 받아들이는 길 외에는 없습니다. 그분만이 나의 최선을 일등으로 여겨 주시고 기뻐하십니다. 남과 경쟁하여 얻은 일등이 아닌, 내 최선을 기쁘게 받으시는 '일등 주님'이 계신다는 사실이 이 죄에서 나를 자유롭게 합니다. 이때 우리는 완전하지 못한 서로를, 그리고 나를, 주님의 사랑으로 받아들일 수 있을 것입니다. 이제 성격 탓 그만하고 고상한 죄 짓기를 멈춥시다.

고난의 혹이
면류관이 됩니다

미 동부에 살 때는 부활절마다 늘 새 옷을 입고 교회에 갔습니다. 교회에는 하얀 드레스에 분홍색 구두를 신은 여자아이들과, 하얀 셔츠에 빨간 나비넥타이를 맨 남자아이들로 북적거리곤 했습니다. 우리 아이들도 부활절 아침 새 옷을 입히고 새 신발을 신기면 신나서 어쩔 줄 몰라 하며 빨리 교회에 가자고 소동하던 모습이 지금도 눈에 선합니다.

이처럼 부활절은 새것을 상징하는 매력 있는 절기입니다. 고난주간을 보내고 밝아 오는 부활절의 태양은 모든 사람의 마음에 새것을 향한 열망으로 동터 오르게 합니다. 낡은 옷을 벗고 새 옷을 입듯 새 출발을 하게 합니다. 때 묻은 옷처럼 아픔과 고통으로 얼룩진 과거는 벗어버리고 백합화처럼 눈부신 새날을 꿈꾸는 날이 부활절입니다.

낙타는 커다란 혹을 등에 짊어지고 뜨거운 사막에서 삽니다. 낙타가 등에 지고 가는 혹을 고통이요 무덤이라고 보는 것은 인생의 무게를 느끼며 살아가는 모든 사람의 시선일 것입니다. 낙타처럼 오늘도 내가 지고 가는 짐, 그것이 장래가 보이지 않는 자식의 짐일 수도 있고, 치료가 막막한 질병의 짐일 수도 있을 것입니다. 주홍글씨처럼 지난날의 지워지지 않는 부끄러운 과거의 짐일 수도 있고, 실망과 배신으로 점철된 교회 생활일 수도 있을 것입니다.

그러나 부활절만큼은 다 지우고 새롭게 출발하는 날입니다. 회복된 몸과 마음으로 새 출발하는 날입니다. 하나님 앞에서 부끄럽고 못난 죄를 청산하고 새로운 피조물로 태어나는 날입니다. 소원이 아니라, 정말 그렇게 될 수 있는 날입니다. 낙타의 등에 얹어진 두 혹이 육신과 영혼의 무덤이 아니라 부활의 영광으로 거듭난 면류관이 되어 우리 머리에 씌워지기를 기도합니다.

인생의 길을
잃었을 때

아랍어로 '소망'을 뜻하는 두 단어가 있습니다. '앤엘'(En-el)
과 '라자'(La-za)입니다.

'앤엘'은 항상 더 좋은 상황을 기대하고 비교하는 소망입니
다. "이번 주일, 같이 예배 드려요" 하고 말했을 때, "네, 그러기를
'앤엘'합니다" 하면, 그러기를 바라지만 더 재미있는 일이 있으면
예배 대신 다른 것을 선택하겠다는 뜻입니다. 그러나 만약 "네,
그러기를 '라자'합니다" 하면 예배 드리는 것이 가장 큰 소망이기
때문에 어떤 상황이 와도 예배를 택하겠다는 뜻입니다.

하박국 선지자의 유명한 고백이 있습니다.

• 비록 무화과나무가 무성하지 못하며 포도나무에 열매가 없으며
  감람나무에 소출이 없으며 밭에 먹을 것이 없으며 우리에 양이 없으
  며 외양간에 소가 없을지라도 나는 여호와로 말미암아 즐거워하며
  나의 구원의 하나님으로 말미암아 기뻐하리로다 합 3:17-18

이 고백을 아랍어 단어로 말하면, '라자'의 소망을 가졌기 때문에 우리의 조건과 상관없이 가장 큰 소망, 즉 하나님 한 분만으로 기뻐한다는 신앙적 선포입니다.

그러나 우리의 감사는 상대적 상황 속에 나오는 계산적 감사일 때가 많습니다. 예를 들면 "올해 국가 경제가 안 좋았는데, 우리 회사는 나쁘지 않아서 다행이다", "뉴스를 보면 말썽 피우며 경찰에 잡혀 가는 십대들이 있는데, 우리 집 아이는 공부도 잘하고 착하게 크고 있다", "내 나이에 아직도 골프 칠 수 있는 것이 감사하다" 하는 것입니다. 당연히 이런 상황에서 우리는 감사해야 합니다. 비교되는 상황 속에서 체감되는 감사를 통해서 둔해지는 감사 감각을 살려내야 하기 때문입니다.

그러나 회사가 경제난에 망하거나, 자녀가 음주운전으로 감옥에 들어가 있거나, 혹은 건강이 나빠져서 골프는커녕 걷기도 힘든 상황이 되면 우리의 입술에서 감사의 고백이 사라져 버립니다. 그러나 우리는 '라자'의 소망으로 도저히 감사할 수 없는 상황에서 불도저처럼 어둠의 상황을 밀어 버리고, 감사와 찬양의 빛으로 뚫고 나오는 고백을 드릴 수 있어야 합니다. 바로 이것이 하박국 선지자가 말하는 '감사'입니다.

과거에는 항해하던 배가 거센 풍랑에 방향을 잃고 표류할 때면 다시 북극성을 바라보고 노를 저었습니다. 먹을 것이 없고 재산을 잃어버렸어도 다시 방향을 잡고 젖 먹는 힘까지 발휘해서 노를 젓는 것입니다.

우리에게도 북극성 같은 소망이 있습니다. 바로 '그리스도의 죽음과 부활'입니다. "나는 여호와로 말미암아 즐거워하며 나의 구원의 하나님으로 말미암아 기뻐하리로다"(합 3:18)라고 했던 하박국 선지자의 고백처럼, 절대적 '라자'의 소망은 우리 주 예수 그리스도 안에 있는 사랑과 약속입니다. 나의 힘든 상황에 패배하지 말고, 북극성같이 변함없는 예수 그리스도를 바라보며 하나님의 사랑을 늘 기억하고 감사합시다.

집으로 돌아가면
사막이 끝납니다

　어느 날 한 성도님이 작품 사진을 선물해 주셨습니다. 끝도 없이 펼쳐진 사막 모래 언덕에 한 여인이 그림자처럼 서 있는 사진이었습니다.

　물끄러미 사진을 감상하는데 사막이 무섭게 느껴졌습니다. 아마 무엇이 기다리고 있는지 모르는 막막함 때문에 오는 두려움 같습니다. 그러다가 한 번도 가 보지 않은 새로운 길을 밟는 신비함과 기대감도 느껴 봅니다. '개척자들이라면 꼭 지나가 보고 싶은 곳이겠다'라는 생각이 듭니다. 신비한 대자연에 사람 하나가 서 있으니 따뜻해 보이기도 합니다. 웅장하다 못해 차가울 수도 있는 사막이 한 사람 때문에 훈훈해 보이는 것이 신기했습니다.

　그러다가 사막의 끝이 궁금해졌습니다. 그 광활한 광야에 서 있는 여인이 삭막한 세상에서 외로운 싸움을 하는 우리 같습니다. 언제까지, 어디까지 이 싸움을 계속해야 하는 걸까요? 넘

실대는 사막의 굴곡 속에는 인간의 욕심이 숨어 있는 듯도 합니다. 언덕 하나 넘으면 오아시스도 있을 것 같습니다. 그래서 신기루의 환상에 우리는 오늘도 마른 목을 축이나 봅니다.

출애굽한 이스라엘 백성이 가나안 땅을 향해 광야 길을 걸었습니다. 바위를 깨 흘러나오는 물로 목을 축이기도 했습니다. 그 광야 끝에는 젖과 꿀이 흐르는 약속의 땅이 기다리고 있습니다. 그곳을 우리는 본향이라고 합니다. 아무리 멋진 오아시스를 만났어도 그 곳은 정거장에 불과합니다. 잠시 쉬어 가는 것으로 족한 곳입니다.

집 떠난 탕자가 모험을 무릅쓰고 스스로 개척하겠다고 나선 사막의 끝은 결국 집으로 돌아오는 길이었습니다. 인생의 해답은 돌아온 탕자를 위해 잔치를 베푸는 아버지 집에 있었습니다. 출애굽의 끝에도, 탕자의 방황 끝에도, 그리고 사막의 끝에도 집이 있습니다. 우리의 목적지는 집입니다. 집 떠난 우리는 해답을 찾아 방황하지만, 결국 정답은 집으로 돌아가는 것입니다.

끝인 줄 알았던 그 자리에
시작이 있습니다

일이 끝나는 곳에서 새로운 일이 시작됩니다. 한 마디가 자란 후, 다시 한 마디가 더 크게 자라는 대나무처럼, 하나의 일이 마무리되면서 새로운 일이 시작되는 것을 보았습니다.

제가 후원이사장으로 섬겼던 GP(Global Partners) 국제후원이사회를 정리하기 위해서 이사로 섬기던 목사들이 모였습니다. 한인 선교단체로는 제일 크다는 GP가 새롭게 구조조정에 들어가면서 국제 대표를 없애고 지역별로 결속을 다지기로 결정했습니다. 국제 대표로 섬기던 J선교사는 러시아에서 10년을 섬겼으며, GP선교회의 베테랑 선교사입니다. 국제 대표라는 큰 짐을 내려놓고 허전한 마음이 없지 않았을 텐데 다시 필드로 나가 은퇴할 때까지 뛰겠다고 합니다.

국제 대표가 없어진 후원이사회의 향방을 놓고 의논하면서, 러시아 유대인 약 150만 명이 이스라엘로 이주해 사는데, 그들을 통해 유대인을 전도하는 새로운 사역을 검토하기에 이르렀습니다. 이스라엘에 가면 도로나 방문지 표기가 히브리어, 아랍어, 영어, 러시아어로 되어 있는 것을 알 수 있는데, 이것을 보면 러시아에서 이스라엘로 이주해 온 유대인들이 얼마나 많은지 짐작할 수 있습니다. 아직도 복음을 듣지 못한 미전도 종족이 러시아 땅에 얼마나 많은지 모릅니다. 또한 마지막 때에 가장 어렵다는 유대인 전도를 위해 하나님께서 러시아에 살던 유대인 디아스포라에게 복음이 들어가게 하셨고, 다시 그들을 이스라엘로 이주하게 하셨던 섭리가 있음을 깨달으며 이 일에 모두 함께 힘을 모으기로 했습니다.

결국 우리의 만남은 "그동안 수고하셨습니다"라고 감사하며 작별하는 시간에서 지금까지 함께했던 목사들이 다시 J선교사와 끝까지 같이 가겠다는 의지를 보여 준 만남으로 바뀌었습니다. 이 일로 J선교사는 얼마나 큰 힘을 얻었을까 싶습니다. 모든 것이 끝나는 곳에서 뜻이 모이고 마음을 모으는 사람이 있으면, 그 끝에서 새로운 일들이 일어납니다.

모두가 떠나고 다 잊어버리는 그 끝에서 묵묵히 남아 응원하는 사람들을 통해 하나님은 새 창조를 시작하십니다. 끝나는 곳에서 실망하지 마십시오. 하나님이 남겨 두신 사람들이 끝에서 기다리고 있습니다. 길이 끝나는 곳에서 주저앉지 마십시오. 계속 길을 찾아가려는 의지만 있다면, 같이 가겠다는 의지가 있는 사람들을 하나님은 남겨 두십니다. 그래서 저에게 '기다림'의 소망이 생겨났나 봅니다. 제가 가는 길 끝에서 멈추는 것이 아니라,

같이 갈 사람들이 있다는 것이 하나님의 새 일을 계속 꿈꾸게 합니다. 만의 하나, 내 삶의 끝에 기다리는 사람이 아무도 없다 할지라도, 확실한 한 분 예수님만큼은 나를 기다리고 계신다고 믿습니다. 나의 길에 끝이 보인다고 두려워하지 마십시오. 새 일을 향한 발걸음을 끝까지 힘 있게 내딛기를 기도합니다.

무엇을 가리키는
손가락입니까?

LA 다운타운에 있는 신학교에 강의가 있어서 기차를 타고 갈 때였습니다. 전화가 와서 이어폰을 끼고 전화를 받는데 옆에 앉아 있던 50대로 보이는 여성이 "Sir, sir!" 외치기에 쳐다봤더니 말은 안 하고 손가락으로 벽을 가리킵니다. 가리키는 쪽을 보니 '차 안에서 조용'이라고 쓴 팻말이 붙어 있습니다. 그렇게 큰 소리로 얘기를 한 것도 아닌데 눈을 빤히 뜨고 손가락으로 '지적질' 하는 모습이 그리 유쾌하진 않았습니다.

그러나 본의 아니게 옆 승객을 방해했으니 미안하다고 말하고는 전화를 끊었습니다. 그리고 조용히 준비한 강의안을 읽고 있는데 저에게 손가락으로 지적질한 여성은 열심히 노트북을 두들기며 일을 하고 있는 것이었습니다. 조용히 글을 읽는데 몹시 거슬렸습니다. 그리고 아까 지적질 당했을 때의 불쾌함이 다시 슬금슬금 살아났습니다. 갑자기 억울한 생각까지 욱하고 올라왔습니다. 그래도 참아야지 하고 다시 노트를 들여다보고 있는데

자판 두들기는 소리가 망치질처럼 크게 들려서 강의안에 집중할
수가 없었습니다.

"Excuse me!"라고 소리를 크게 지르고 아까 지적질 당한 팻
말을 손가락으로 콕콕 가리키며 팔짱을 폼 나게 끼고 싶었지만
차마 그러지 못했습니다. 내가 불쾌감을 느꼈다고 일부러 상대방
에게 불쾌감을 주려는 것을 내 안의 성령님께서 싫어하셨기 때
문입니다. '주님, 제가 잘한 거죠?' 하고 마음으로 기도드리고 나
니 평강이 위에서부터 내려오기 시작했습니다. 자판 두들기는 소
리도 그리 거슬리지 않고 강의안을 보게 되었습니다.

비로소 옆에 앉아 좀 무례하게 손가락질한 여성의 얼굴을
슬그머니 쳐다보게 되었습니다. 열심히 일하는 주부 같아 보였습
니다. 삶의 짐이 커 보이는 큰 가방이 옆자리에 놓여 있고 머리에
핀을 꽂은 것을 보니 아이들 아침 챙겨 주고 급히 출근한 것 같아
측은하게까지 보였습니다. 얼마나 일이 밀렸으면 기차 안에서까
지 노트북을 두들기고 있을까 생각하니 아까 지적질 하던 모습
이 이해되었습니다.

기차가 LA 유니언 역에 도착하자 그 여성이 허둥지둥 노
트북을 챙겨 나가는데 가방을 두고 내리는 것이었습니다. 저는
"Ma'am! Ma'am!" 하고 두 번 불렀습니다. 왜 날 부르냐는 식으로
큰 눈을 뜨고 보기에 미소를 부드럽게 지으며 자리에 놓여 있는
가방을 '지적'했습니다.

"Oh, thank you!"

정신없던 여성은 그렇게 가방을 챙기고 사라졌습니다.

유유히 역을 빠져나가는데 제 맘에 설명할 수 없는 묘한 기쁨이 몰려왔습니다. 결코 짧지 않은 기간 동안 목회를 하면서 항상 유쾌한 분들만 주위에 있던 것은 아닙니다. 남의 실수를 지적하는 것도 치우침 없이 해야 하지만 지적하는 언사와 행동도 중요합니다. 실수나 잘못을 한 사람이라도 그 인격을 함부로 무시하면 안 됩니다.

오히려 남의 실수를 지적하는 것은 고난도의 언사가 필요합니다. 크리스천의 인격은 남을 칭찬할 때보다 남의 잘못을 지적할 때 더 절실히 요구됩니다. 잘못하면 정죄하는 죄를 범할 수 있고, 지적하는 언사와 행동이 덕스럽지 못하면 자기 눈의 들보는 보지 못하고 남의 눈에 든 티끌만 지적하는 자가당착에 빠질 수 있기 때문입니다. 남의 잘못을 지적하는 손가락보다는 남이 두고 간 가방을 챙겨 주는 가리킴이면 좋겠습니다.

용서밖엔
구할 게 없습니다

잊지 못할 성도 한 분이 계십니다. 그분은 정말 방탕한 생활을 하다가 백혈병을 얻고 투병 중에 거듭나셨습니다. 늘 주일예배마다 감격하며 눈물을 흘리는 일이 다반사였습니다. 그분은 스스로 자기가 세상에서 가장 행복한 사람이라고 했습니다. 그리고 가장 감사한 것은 매일 아침 일어나면서 자신이 하나님에게 '용서받은 죄인'이라는 것을 상기할 때라고 했습니다.

일반적으로 우리가 최고로 감사한 것은 어쩌면 극적인 병고침이라 할 수 있고, 또는 위기 상황에서 건져 주신 일들이라고 생각할 수 있습니다. 그러나 이 성도님은 '용서받음'이었습니다. 어쩌면 저 같은 모태 신앙인들에게는 특별히 드라마틱한 간증이 없을지 모릅니다. 도덕적으로도 별 흠 없이 살아왔기에 '용서'라는 단어의 의미가 그리 크게, 적어도 자기 자신을 세상에서 가장 행복한 사람으로 느끼게 해주는 제목은 되지 못하는 것 같습니다.

그러나 생각하면 할수록 그분의 말씀은 진리입니다. 우리가 '용서받은 죄인'이라는 것이 오늘을 어떻게 살 것인가에 대한 동기를 부여해 줍니다. 하는 일이 무엇이든지 감사하는 마음으로 할 수 있게 합니다. 신앙생활 하며 자신의 죄악의 깊이를 점점 깨닫게 되면서 '용서받았다'는 사실이 나를 얼마나 강력하게 죄악의 늪에서 끌어올리는지 모릅니다.

프랭크 룬츠가 대통령 후보인 도널드 트럼프에게 "당신은 하나님께 용서를 구해 본 적이 있나요?"라고 질문하는 것을 본 적이 있습니다. 농담 같은 질문에 많은 관객이 웃음을 터뜨렸고, 트럼프는 이렇게 답했습니다.

"내가 용서를 구할 만한 일을 저질렀는지 잘 모르겠습니다. 저는 하던 일을 더 잘하기 위해서 계속 노력할 것입니다. 만약 제가 실수를 저질렀다면 저는 그 실수를 바로 잡기 위해 노력할 것이지, 하나님을 이 문제에 끌어들이지 않을 것입니다."

왜 트럼프를 보면 '자신감'은 있어 보이지만, '겸손함'은 전혀 느낄 수 없었는지 그 이유를 알 것 같았습니다. 자신이 하나님 앞에 용서받아야 할 죄인인 줄도 모르는 사람이 한 나라의 대통령으로서 최고 리더의 자리에 앉았다는 사실이 씁쓸합니다.

매일 하나님의 용서를 확인하며 사는 것이 인생에서 가장 행복한 길이며, 이 세상에서 무엇을 하든지 가장 능력 있게 사는 비결이라고 믿습니다.

2부

일상에 남기는

예수의 흔적

인생은 붙드는 것과
놓아 주는 것 사이의 균형입니다

〈USA Today〉에 노마(Norma) 할머니가 91세의 나이로 작고했다는 소식이 실렸습니다. 그녀는 2015년 8월 자궁암 판정을 받았지만 항암치료를 거부하고, 대신 아들 내외, 애완견과 함께 미대륙 횡단을 하기로 결정했습니다. 32개 주, 75개 도시를 돌아다니며 페이스북에 사진과 여행담을 올리면서 화제가 되었습니다.

어느 날 갑자기 닥친 시한부 선고 앞에서 노마 할머니는 치료나 검사를 받으며 병원에서 연명하기보다, 품위 있게 생을 마감하기 위한 여행을 선택한 것입니다. 46만 명이 넘는 페이스북 친구들이 계속 댓글을 달아 주며 응원하던 여행은 워싱턴주 샌환섬에서 멈추었습니다. 많은 사람이 아쉬워했지만, 노마 할머니를 보내며 이런 말로 기사는 마무리되었습니다.

"인생은 붙드는 것과 놓아 주는 것 사이의 균형이다."(Life is a balance between holding on and letting go.)

어느덧 아버지가 우리 곁을 떠난 지 1년이 되어 갑니다. 아버지는 폐암 진단을 받으시고 마지막 투병 7개월 후 천국으로 가셨습니다. 그 이후 한 번도 재가 되어 묻혀 있는 필라델피아의 아버지 묘지에 가 보지 못했습니다. 아무리 생각해도 아버지 살아 계실 때 불효자였던 저는 여전한 불효자입니다.

아버지는 죽어서도 자식들에게 부담이 되기 싫다시며 무덤을 만들지 말고 평소 좋아하시던 바다에 유골을 뿌려 달라고 유언하셨습니다. 어차피 자식들은 무덤에 찾아올 시간이 없을 것이고, 찾아온들 당신은 거기에 없고 천국에 있을 것이라고 강조하면서 무덤을 만들지 말라고 하셨습니다. 그런데 불효자는 못내 아쉬워 아버지의 말씀에 불순종하고, 그리울 때마다 찾아갈 곳은 있어야 할 것 같아 이민 왔던 제2의 고향 필라델피아에 안치하기로 했습니다. 역시 이번에도 아버지가 맞으셨습니다.

〈USA Today〉 기사 글을 인용하자면 아버지는 저희에게 '놓기'를 부탁하신 것이었습니다. 그러나 아직 효도하지 못한 자녀는 미련을 못 버리고 '붙들기'를 한 것입니다. 우리의 인생은 매사가 놓기와 붙들기 사이의 긴장이라고 생각합니다. 그 긴장이 팽팽하게 이어질 때, 우리는 마지막까지 건강한 균형을 이루며 살 수 있을 것입니다. 놓기에 무게가 쏠리면 매사에 의욕을 잃어버린 모습으로 눈이 풀리고, 하고 싶은 일도 없이 꿈도 없는 사람이 될 것입니다. 반면 붙들기에 치우치면 지나가는 것에 대한 아쉬움으로 사람의 품위마저 팔아 버려 추하게 되는 수준까지 떨어질 수 있습니다.

의욕도 꿈도 없이 TV 앞에서 무료하게 하루를 보내는 젊은
이들의 모습도, 욕심을 버리지 못하고 자리에 연연하다가 품위
를 잃어버린 어른들의 모습도 다 놓기와 붙들기의 균형을 지키
지 못한 결과일 것입니다. "녹슬어 사라지기보다는 닳아 없어지
겠다"던 조지 횟필드 목사님의 말이 사무칩니다.

속도보다는
같이 가는 것이 더 중요합니다

미 동부에서 목회하는 친구에게 연락이 왔습니다. 눈이 많이 와서 집에 갇혀 이번 주 내내 새벽기도를 못 갔다고 합니다. 눈의 무게에 전깃줄이 땅바닥까지 늘어지고, 때론 넘어진 전봇대 때문에 정전 사태가 벌어지고 학교도 문을 닫아 가지 못했다고 하며 소식을 전해 주었습니다.

동부에 살 때는 저도 자주 겪던 일이었는데 그 말을 듣는 순간, 갑자기 그 친구가 너무도 부러웠습니다. 그 누구도 뭐라 할 수 없는 정당한 이유로 집안에 갇혀서 힘들어하기보다는 쉬고 있을 것 같은 착각에 그 친구가 마냥 부러웠습니다. 그러고 보니 서부에서는 날씨를 이유로 교회 모임을 쉬는 예가 별로, 아니 거의 없는 듯합니다.

동부에서 목회할 때는 주보에 교회 모임을 광고할 때 괄호 안에 꼭 쓰는 말이 있었습니다. '우천시에는' 혹은 '눈이 올 때는' 어떻게 한다는 내용이었습니다. 제가 동부에 눈보라가 친다는 소식을 부러워하는 걸 보니, 지금 저에게 하나님이 주시는 쉼(brake)이 간절한가 봅니다.

요즘 눈코 뜰 새 없이 바쁘다는 말, 바빠서 아플 시간도 없다는 말이 실감납니다. 이런 날은 LA에도 눈이 10인치쯤 와서 모두가 집에 갇혔으면 좋겠습니다. 목사님이 우리 비즈니스 책임질 거냐고, 누구 망하는 꼴 보고 싶냐고 항의하실 분들의 모습이 벌써 떠오르지만, 가끔은, 아주 가끔은 하나님이 주시는 불가항력적인 쉼이 그리울 때도 있습니다.

너무 앞만 보고 달리는 사람에게는 브레이크를 걸 필요가 있어 하나님은 우리에게 "잠깐"을 외치실 때가 있습니다. 그러면 브레이크를 밟으면서 달리는 방향을 검토하고, 나를 따라오는 사람들이 잘 오는지도 확인할 여유가 생깁니다.

교회도 마찬가지 같습니다. 공동체는 달리는 속도보다는 같이 가는 것이 더 중요합니다. 각자 전속력으로 달리는 것보다, 함께 한 방향으로 가는 것이 중요합니다. 그러면 언제 우리는 브레이크를 잡을까요? 하나님이 우리에게 주시는 브레이크는 주일예배입니다.

다같이 '잠깐' 멈추어 옆 사람을 돌아보고, 함께 삼위일체 하나님을 바라보며 하나님의 말씀으로 교정되는 시간이 주일예배입니다. 브레이크가 걸리지 않는 자동차가 치명적이듯, 성도에게 주일예배는 생명과 같습니다. 그래서 생명처럼 지켜야 합니다. 오늘 우리 주님 앞에 겸손히 무릎 꿇고 "주님, 저에게 브레이크 한번 주세요!"라고 기도할 수 있기를 바랍니다.

2부. 일상에 남기는 예수의 흔적

하나도 버릴 게 없는
삶이고 싶습니다

어디를 가든 사람은 살게 되어 있나 봅니다. 추운 북극에 가도, 적도 열대림에 가도 사람은 살게 되어 있습니다.

필리핀에 갔더니 "코코넛 야자수 같은 사람이 되라"는 속담이 있었습니다. 그 이유는 코코넛은 버릴 것 하나 없이 마지막까지 다 쓰고 사라지기 때문입니다. 열대림에서 아무리 무더워도 코코넛 열매는 늘 물을 간직하고 있어서 목말라 죽는 사람은 없습니다. 물이 바뀌어 배앓이 걱정을 안 해도 되는 천연물이라고 할 수 있습니다.

두마게티 선교센터 안에 아름드리 코코넛 야자수 한 그루가 있습니다. 아침에 일어나서 주렁주렁 열려 있는 코코넛을 따서 꼭지를 작두칼로 툭툭 치면 구멍이 보입니다. 한 컵 정도의 물을 따라 마신 후 코코넛을 반으로 쪼개면 마치 복숭아씨가 빠진 듯한 공간이 보입니다. 그곳에 물이 저장되어 있었던 것이지요. 그리고 그곳에 흰 과육이 있습니다. 젊은 코코넛은 숟가락으로 살살 긁어먹을 수 있을 정도로 부드럽습니다. 늙은 열매는 먹기에는 딱딱하지만 그것으로 코코넛 기름을 짭니다. 이 코코넛 과육은 전립선과 혈액 순환에 최고라고 합니다.

물과 속살을 먹은 후 남은 껍질은 잘 말려서 땔감으로 씁니다. 화력도 좋고 장시간 태울 수 있어서 부엌에 쌓아 놓고 요리할 때 혹은 난방용으로 사용합니다. 시원하게 쭉쭉 뻗은 가지는 잘 말려서 지붕에 얹어 사용합니다. 겨울이 없는 이 동네에서는 비만 막으면 건물로 충분하기 때문에 지천으로 널려 있는 코코넛 야자수는 집 짓는 건축 자재입니다. 정말 하나도 버릴 것 없는 코코넛 야자수는 필리핀 같은 열대림 지역에서 살기 위해 하나님이 주신 나무 같습니다.

우리도 이런 삶을 살면 좋겠습니다. 하나도 버릴 게 없는 삶, 하나도 낭비가 없는 시간으로 주님 앞에 쓰인다면 얼마나 좋을까요. 나의 말 한마디도 주님의 말씀과 같이 덕스럽고, 나의 행동 하나도 하나님 나라를 세워 가는 아름다운 행동이 되도록, 그런 삶을 위해 오늘도 기도하며 출발합니다.

65

마음은 입으로 나오는 말로
지켜집니다

"목사님, 수영할 줄 아세요?"

어느 성도님이 밑도 끝도 없이 물어봅니다.

"잘은 못해도 물에서 뜹니다."

간단히 답하고 돌아서려는데 또 질문이 이어집니다.

"수영하는 폼은 멋있으세요?"

예상치 못했던 기습적인 두 번째 질문에 아무 답도 못하고 씩 웃고 말았습니다.

사실 그때 아버지와 있었던 일이 기억났습니다. 처음 제게 수영을 가르쳐 주신 분은 아버지였습니다. 어렸을 때 물가에 놀러 갔을 때 섬 출신인 아버지에게 수영을 배웠는데, 겨우 물에 뜨는 개헤엄을 쳤습니다. 수영하는 폼은 제가 생각해도 체면이 서지 않았습니다.

그러다가 10여 년 전 아버지와 함께 체육관에 가서 수영을 같이 한 적이 있습니다. 그때 아버지는 제게 "너 수영하는 폼이

선수 같다"고 격려해 주셨습니다. 사실 그 후로 독학이었지만 폼을 생각하며 자유형을 연습했던 기억이 납니다. 격려의 말 한 마디가 마음에 큰 동기를 부여했기 때문입니다.

워싱턴주립대학교의 존 가트먼 교수가 35년 동안 3천 쌍의 부부를 분석한 결과를 "이혼으로 가는 네 가지 요인"이라는 제목으로 발표했습니다. 그 네 가지 요인은 곧 네 마디의 말로, "늘 그런 식이지"(비난), "너나 잘하세요"(자기방어), "주제 파악이나 하시지"(경멸), "…"(침묵)이었습니다.

만약 아버지가 제가 수영하는 모습을 보시고 "넌 왜 늘 개헤엄밖에 못 하냐? 왜 늘 그런 식이니?" 하셨다면 저는 "아버지도 개헤엄밖에 못 하잖아요. 아버지나 잘하세요" 했을 것이고, 그러면 아버지는 또 "네 주제 파악 좀 해라. 넌 그마저도 나한테 배운 것 아니냐?" 했을지도 모릅니다. 저는 그런 아버지에게 입을 꾹 닫고 침묵으로 일관했겠죠. 그랬다면 부자지간의 정도 끝이 났을 것입니다.

사람을 만나면서, 가족과 함께하면서 꼭 기억해야 할 것은 '마음을 지키는 일'입니다. 마음은 입으로 나오는 말로 지켜집니다. 따뜻한 격려의 말을 잊지 마십시오.

그리고 보면 생전에 아버지는 자식들을 격려해 주던 분이셨습니다. 당신 칠순 잔치 때 '효부상'이라고 이름 붙인 트로피를 만들어 두 며느리에게 깜짝 선물을 했을 정도입니다. 그런 아버지가 많이 보고 싶네요.

하나님 나라에는
천재보다 성도가 필요합니다

자녀에 대한 기대가 없는 부모가 있겠습니까? 저도 막내딸을 낳고는 똑똑한 딸을 보며 기대가 남달랐습니다. 학교도 가기 전에 글을 읽고 피아노를 치는 딸을 보면서 우리 집에 천재가 태어났다고 생각했습니다. 아직 학교도 안 간 아이가 성경책도 얼마나 또박또박 잘 읽는지 앞으로 학자가 될 것이라 예언했고, 노래며 피아노며 못 하는 것이 없는 아이를 보며 '세계 최고의 피아니스트가 탄생했다'고 부산을 떨며 설레발을 쳤습니다. '늦둥이 막내를 낳기 잘했다', '막내딸 없으면 어떻게 살았을까'라고 넋두리하며 하나님이 우리에게 주신 보험 같은 딸이라고 얼마나 좋아했는지 모릅니다.

그런 천재가 학교를 다니더니 갑자기 천재성이 사라지기 시작했습니다. 이제는 지극히 평범한 아이가 되었습니다. 학교 가기 전에 글을 읽기 시작한 것이 그다지 앞선 것이 아니었고, 피아노 건반을 두드리며 놀던 모습이 모차르트의 천재성이 아니었

68

습니다. 그러나 저는 그리 실망스럽지 않았습니다. 오히려 평범함 속에서 사회의 한 구성원으로 자라고 있는 딸을 보는 것이 더 평안하고 좋습니다. 자기 책임을 다하며 살고 있는 것이 자랑스럽고 대견합니다.

우리도 때로는 하나님의 자녀로 자라면서 남들보다 튀고 싶고, 나만의 특출함을 인정받고 싶어 욕심을 부리곤 합니다. 그러나 신앙생활의 여정에서 나의 특출함은 사라지고 함께 돕고 살아가는 법을 배웁니다. 교회에서 함께하는 모든 것이 나의 연약함을 발견하며 같이 자라는 것임을 깨닫습니다. 제자훈련도 그렇고, 셀모임도 같은 맥락에서 나눔의 훈련인 듯합니다. 탁월한 자를 키워 내는 훈련이 아니라, 부족한 자들끼리 기도로 후원하고 연약함을 보듬는 훈련이라고 생각합니다.

우리 모두 신앙생활을 잘하고 싶을 것입니다. 그러나 그때마다 몇몇 탁월한 자들만이 하는 것이라 생각하고 엄두도 못 냈습니까? 이제는 유아기의 환상을 버리고, 학교를 다니는 학생처럼 같이 자라는 일에 도전했으면 좋겠습니다. 하나님 나라에는 혼자 잘하는 천재보다 함께하는 성도들이 필요하기 때문입니다.

오늘은 5000:1의 확률을 뚫은 기적입니다

〈인천상륙작전〉이란 영화를 관람했습니다. 인천상륙작전이 한반도의 허리를 자르면서 유엔군이 물량공세로 밀고 들어온 작전으로 막연히 알고 있었는데, 그 과정에서 목숨 걸고 엑스레이(X-ray) 작전을 감행했던 8명의 숨은 영웅들이 있었다는 것을 알고 감동했습니다.

영화에서 가슴에 남는 장면이 있었습니다. 맥아더 장군이 5000:1이라는 작전 성공률에도 불구하고 상륙작전을 감행하면서 장학수가 월미도에서 쏴 올리겠다고 약속한 조명탄의 신호를 기다립니다. 조수간만의 차이로 더 이상 기다릴 수 없다는 보좌관들의 이야기도 무시하면서 맥아더 장군은 조명탄을 기다립니다. 드디어 8명의 생명 값으로 어두운 인천 앞바다의 밤하늘을 밝히는 조명탄의 신호와 함께 상륙작전은 감행되었고, 작전은 성공하게 됩니다.

신앙생활은 어쩌면 5000:1의 확률을 뚫고 기적을 이루어 내는 일상인 것 같습니다. 은혜 받아 뭔가 할 수 있을 것 같은데, 막상 일이 터지면 어느새 적의 소굴에 갇혀 버리는 것 같은 신세가 되어 버립니다. 속상한 일이 하루에 열두 번씩 터져도 늘 감사한 마음을 잃어버리면 안 되는데 말입니다. 감사한 마음이 몰려올 때도 감동에 젖어 있다가 갑자기 섭섭한 마음이 쑥 들어오면 나의 감사가 이렇게도 얄팍한 것이었나 하는 회의가 듭니다. 정말 꾸준히, 한결같이 감사하는 마음을 가지는 것은 5000:1의 확률뿐인 불가능한 일은 아닌지 회의가 몰려옵니다. 감사도 상대적인 감사가 아닌 절대적인 감사가 되어야 할 텐데 말입니다.

남보다 좀 더 가졌거나, 남보다 나의 상황이 조금 나은 것이 확인될 때 가지는 감사한 마음은 그 상황이 바뀌었을 때 금방 사라집니다. 비교해서 얻는 감사는 그만큼 조석변이(朝夕變異)할 수밖에 없습니다. 남과 비교하지 않는 감사, 아니 남과 비교할 필요도 없는 감사만이 우리를 믿음 안에 흔들림 없이 지켜낼 수 있을 것입니다.

목회도 마찬가지입니다. 끊임없이 주 안에서 흘러나오는 절대감사의 넉넉함이 거센 파도에 휩쓸리지 않고, 오히려 파도를 가르며 나아가는 교회로 이끌 것을 믿습니다. 그것이 적의 소굴이 되어 버린 깜깜한 인천 앞바다 같은 우리의 인생을 살리는 생명의 조명탄이 될 것입니다.

크리스마스트리보다
붙박이가 좋습니다

언제나 있는 듯 없는 듯, 늘 같은 자리에 있어서 무심코 지나쳐 버리는 물건이 있습니다. 붙박이가 그렇습니다. 붙박이는 이리저리 옮겨 다니지 않고 늘 그 자리에 붙어 있습니다. 붙박이는 창문 틀과도 같습니다. 창문 밖은 봄, 여름, 가을, 겨울로 변해 가는데 창문 틀은 변치 않고 추억의 액자를 만들어 아무도 모르게 가슴에 새겨 둡니다. 늘 앉아서 책 읽는 소파, 잔뜩 서류가 쌓여 있는 할아버지가 쓰던 책상, 그리고 명절 때마다 둘러앉아 식사하는, 샹들리에가 드리워진 방의 식탁도 그리움을 담고 있는 붙박이입니다.

많은 사람이 새 가구가 되려고 합니다. 눈에 반짝 띄는 존재가 되고 싶어 합니다. 무슨 일을 해도 좀 튀어야 한다고 생각합니다. 자신의 존재감을 과시하고 싶어 합니다. 무시당하는 일이 죽기보다 싫어서 나 좀 보라고 소리를 크게 내는 경향이 있습니다. 마치 크리스마스 시즌이 되면 별과 방울을 달고 반짝이 조명을 두르는 크리스마스트리가 되고 싶은 것처럼 말입니다. 그러나 정작 크리스마스의 주인은 너무나도 조용하고 작은, 누구도 거들떠보지 않았던 베들레헴 어느 마구간의 구유에서 나셨습니다.

크리스마스트리는 아무리 예뻐도 오래가지 못합니다. 일 년 내내 켜 놓는 붙박이 장식이 아니기 때문입니다. 존재감이 크면 클수록 눈에는 띌지 모르지만 붙박이처럼 꼭 필요한 존재는 아닙니다. 요즘은 순간을 밝히는 크리스마스트리보다는 소리가 없어도 늘 그 자리를 지키는 붙박이가 아쉽습니다. 빛이 없는 어둠 속에서도 눈을 감고 찾을 수 있는 익숙한 존재감이 아쉽습니다. 늘 밥상을 차려 주는 아내의 손길 같고, 때가 되면 쓰레기를 밖으로 내놓는 남편의 듬직함 같고, 아들을 기다리며 밤늦게까지 불을 켜 놓는 어머니의 마음 같은 것이 붙박이입니다. 멋이나 반짝거림은 없을지 몰라도 늘 그 자리를 지켜 줘서 안정감과 든든함을 주는 붙박이가 그립습니다.

창가에 놓인 꽃 화분 같고, 부엌에 일 년 내내 걸려 있는 달력 같고, 또 그 위에 거꾸로 매달려 잘 마르고 있는 장미 송이 같고, 늘 책상 위에 놓인 가족사진 같고, 손에 익은 커피 머그잔 같고, 차고에 걸려 있는 사다리 같은 사람이 되고 싶습니다.

방향과 동행의
균형이 중요합니다

2015년, 이스라엘과 요르단 여행을 준비하며 약간 긴장했습니다. 제 인생에서 가장 심각했던 위기가 이스라엘과 요르단을 여행하는 중에 일어났었기 때문입니다. 요르단의 페트라를 방문했을 때의 일입니다.

세계 7대 불가사의로 꼽힌 곳에서 감탄사를 연발하며 구경하고, 욕심이 생겨 알카즈네(Al Khazneh) 신전 외에 산꼭대기에 있는 신전도 보겠다고 열심히 올라갔습니다. 오르다가 가끔 뒤돌아보며 아내가 어디쯤 오는지 확인했던 기억은 있습니다.

그날 밤이었습니다. 아내가 "좀 보자"며 피곤에 지쳐 잠을 청하는 저를 깨웠습니다. 그런데 저를 찾는 소리의 억양이나 톤이 예전에 들어 보지 못한 심각한 것이었습니다. "왜?" 하고 퉁명스럽게 묻는 저에게 조곤조곤 말을 이어 가던 아내는 왜 페트라에서 혼자만 올라갔느냐고 따지고 물었습니다.

"무슨 소리야? 같이 올라갔잖아?"

무슨 말을 하는지 모르겠으니 알아듣게 이야기하라고 했더니, 정상을 향해서 같이 올라가야지, 뒤에서 따라가는 아내는 죽었는지 살았는지 아랑곳하지 않고 혼자만 올라가면 되느냐고 따지는 것이었습니다. 그때야 비로소 제가 올라가다가 가끔 아내의 생존 확인을 위해서 뒤돌아보고는 곧바로 다시 정상을 향했던 게 희미하게 생각났습니다. 그것 때문이냐고, 별것 아닌 일로 왜 이렇게 심각하게 분위기를 잡느냐며 아내의 기분을 풀어 주려고 애썼지만, 역부족이었습니다.

문제는 동행했던 친구 목사 부부였습니다. 그들 부부는 손을 잡고 정상을 올라갔다는 것이었습니다. 아내는 나 몰라라 하고 혼자 산을 올랐던 것을 반성하기보다는 남과 비교당한 것에 화가 나서, '별것도 아닌 일을 가지고 난리'라는 식으로 얼버무리려고 했는데, 결국 아내는 난생 처음으로 충격적인 말을 했습니다.

"아내의 안위는 생각 안 하고 혼자 앞서 가는 남편의 뒷모습을 보면서 이혼을 생각했어."

그제야 저의 태도와 행동을 진지하게 돌아보았습니다.

일반화하는 위험은 있지만, 남자들은 대체로 목표 지향적이라서 목표 지점에 깃발을 꽂는 일에 성취감 내지는 삶의 희열을 느낍니다. 그러나 여자들은 대체로 목표 지점에 다다르는 것 이상으로 '같이' 가는 과정을 중요시하고, 또한 함께 '손잡고' 가는 것을 의미 있게 생각합니다. 심지어 목표를 이루지 못해도 '동행'

그 자체로 충분히 행복할 수 있는 것이 여자인 듯합니다.

저는 그때 이후로 중요한 두 가지를 깨달았습니다. 사람을 남자와 여자로 만드신 하나님의 의도는 '방향과 동행'이라는 것입니다. 아무리 목표가 옳고 좋아도 동행할 수 없으면 전쟁이지 행복할 수 없다는 것입니다. 또 하나는 방향이 틀리면, 같이 가는 것은 피해만 더해 갈 뿐입니다. 기다림과 동행의 가치는 방향이 맞아야 비로소 가능합니다.

따뜻한 온도의 언어를
선물하세요

"목사님, 이번에 한국 가서 쉬고 오시더니 말씀이 더 좋아지셨어요."

"하하. 감사합니다. 앞으로 자주 나가도록 하겠습니다."

"나가 계시는 동안 부목사님들의 설교도 너무 좋았습니다."

"아, 알겠습니다. 앞으로 확실히 자리를 비우고 반드시 나가도록 하겠습니다."

어느 집사님과 교회에서 같이 밥을 먹는 자리에서 나온 대화였습니다. 담임목사를 많이 보고 싶어 하셨다는 말씀을 참 따뜻하게 해주셔서 화기애애한 분위기에서 참 즐겁게 웃었습니다.

우리가 쓰는 언어에는 온도가 있다고 합니다. 이기주 작가의 책《언어의 온도》에 보면, 어느 의사의 얘기가 나옵니다. 그 의사는 환자를 부를 때, '환자' 혹은 '어르신'이라고 부르지 않고 '김 사장님', '박 여사님'이라고 부른다고 합니다. 왜 그렇게 부르는지 물어보았더니, "환자에서 환(患)이 아프다는 뜻이잖아요. 자꾸 환자라고 부르면 더 아파요. 게다가 할머니 할아버지 호칭도 싫어하시는 분이 많아요. 그래서 은퇴 전 직함을 불러 드리죠. 그러면 병마와 싸우려는 의지를 더욱 굳게 다지시는 것 같아요. 건강하게 일하던 시절로 돌아가고 싶은 바람이 가슴 한쪽에 자리 잡고 있기 때문인지도 모르겠어요. 병원에서는 사람의 말 한마디가 의술이 될 수도 있어요."《언어의 온도》, 말글터, 22)

사도 바울은 고린도교회 교인들을 '성도'라고 불렀습니다. 고린도교회는 분열로 내홍을 겪고 있었으며, 연락(宴樂)의 도시 영향으로 도덕적 해이함이 있었고, 심지어 교회 내에 근친상간의 문제도 있었습니다. 그럼에도 바울은 그들을 거룩할 '성'(聖)자를 사용해서 성도라 불렀습니다. 우리가 비록 부족한 점이 많지만, 피차 성도라고 부르다 보면 우리 안에도 거룩함을 향한 다짐과 의욕이 충만해지지 않을까요?

예수를 믿고 교회 공동체의 한 일원이 되면 우리는 모두 공동체의 평안과 안녕을 위해 책임 있는 행동을 해야 합니다. 그것이 우리 각자의 영적 건강을 위해서 절대적이기 때문입니다. 그래서 우리는 제일 먼저 따뜻한 언어로 우리 공동체를 지켜야 합니다. 비판하고 지적하고 아프게 하는 언어가 아니라 세워 주고 안아 주고 보듬어 주는 따뜻한 격려가 필요합니다. 의사가 환자를 치료하기 전 말로 먼저 치료하듯이 우리의 가정과 교회 공동체 안에서 따뜻한 온도의 언어로 세워야 합니다. 같은 말이라도 따뜻하게 하는 법을 배웁시다.

79

2부. 일상에 남기는 예수의 흔적

혀의 권세는
기도 응답과 연결됩니다

결코 짧지 않은 목회의 기간을 되돌아보면, 참 좋은 분인데 말의 지혜가 부족해서 동역자를 얻지 못하고 사람을 원수로 돌리는 경우를 많이 보았습니다. 얼마든지 좋게 얘기할 수 있는데도 뾰족한 말투로 사람 마음을 상하게 하는 것입니다. 상하게 하는 정도라면 그나마 회복의 기회가 있겠지만, 아예 말로 사람을 죽이는, 돌이킬 수 없는 상처를 주게 될 때도 있습니다.

이처럼 우리가 무심코 하는 말에는 권세가 있습니다. 주님은 형제에게 욕하는 자에게 살인죄를 적용하셨습니다. 그만큼 우리의 혀로 저지르는 죄가 심각하다는 것입니다. 다음은 한 의사의 진료 일기에서 읽은 글입니다.

오랫동안 속이 거북한 70대 할아버지가 병원에 와서 내시경 검사를 하다가 이상 부위가 발견되어 조직을 떼어 검사를 의뢰하게 되었습니다. 의사의 소견에는 위궤양 같다고 했지만, 결과를 초조하게 기다리던 할아버지 할머니 내외는 매일 아침저녁으로 의사에게 전화를 걸어 결과가 아직 안 나왔느냐고 독촉했습니다. 드디어 결과가 나왔고, 의사는 자기 짐작대로 소화성 위궤양이라고 검사 결과를 알려 주었습니다. 그런데 문제가 생겼습니다. 전화를 받은 할머니가 "암입니까?" 물었을 때, 의사가 "아니래요. 아니니까, 병원에 오셔서 앞으로 치료에 대해서 의논해 보지요" 했는데, 귀가 어두운 할머니가 '아니래요'를 '암이래요'로 잘못 알아듣고 초주검이 되어 병원을 찾아왔더라는 것입니다.

우리의 말은 어쩌면 '아' 다르고 '어' 다른 정도가 아니라 '아' 다르고 '암' 다르다고 해야 할 것 같습니다. 말 한번 잘못 알아들은 위궤양 환자가 암 환자로 둔갑해 생사를 넘나들듯이, 우리의 말도 비슷한 권세로 오늘 죽을 것 같은 분을 살려 내기도 하고, 혹은 멀쩡한 사람도 초주검으로 몰아가기도 합니다.

성경은 "죽고 사는 것이 혀의 힘에 달렸나니 혀를 쓰기 좋아하는 자는 혀의 열매를 먹으리라"(잠 18:21)고 했습니다. 결국 혀의 권세는 기도 응답과 연결됩니다. 주님은 "네 입을 크게 열라 내가 채우리라"(시 81:10b) 하셨습니다. 즉 하나님 앞에서 '아' 하고 '암' 하는 것에 따라 그 응답도 달라지는 것입니다.

하나님이 우리에게 허락하신 말의 권세로 남을 춤추게 할지언정 춤추던 자에게 찬물을 끼얹을 말은 하지 맙시다.

좋은 태도는
힘이 셉니다

같은 일을 하더라도 일하는 자세는 천차만별입니다. 행동 하나 말 한마디에 그 사람의 인격이 느껴지고, 정중한 인사와 손 내미는 악수에도 그 사람의 품성이 나타납니다. 태도나 표정에도 그 사람의 지난 흔적들이 고스란히 남아 소위 첫인상이 좋다, 나쁘다고 말하기도 합니다.

수많은 사람이 세상에 있듯이 다양한 성격도 존재한다고 할 수 있지만, 리더십을 연구하다 보면 이것을 단지 다양성의 차이로만 여길 수는 없습니다. 한 사람의 인격이 자세와 태도 혹은 말투에 고스란히 표출되기 때문입니다.

예수님의 제자 중 야고보와 요한이 예수님이 지나시는 길을 막는 사마리아인의 한 마을에서 "주여 우리가 불을 명하여 하늘로부터 내려 저들을 멸하라 하기를 원하시나이까"(눅 9:54b)라고 여쭈었을 때, 예수님은 오히려 제자들을 꾸짖으셨습니다. 당연히 두 제자의 태도를 나무란 것이었습니다. 제자들의 말투에서 그들의 태도를 엿볼 수 있습니다. 오죽하면 그들의 별명이 '우레의 아들'이었을까요(막 3:17).

수많은 사람을 만나 그들과 함께 사역하다 보면, 다양한 성격을 경험합니다. 그런데 다양함이라고 말할 수 없는 불손한 말투와 태도가 느껴지는 분도 간혹 있습니다. 동기부여 강연가인 지그 지글러(Zig Ziglar)는 "능력이 아니라 태도가 당신의 고도를 결정한다(It is your attitude, more than your aptitude, that will determine your altitude)"고 했습니다. 그의 주장은, 높이 올라가는 능력은 높이 뛰는 근육의 힘이 아니라 매일 운동에 임했던 그 태도에서 키워진다는 것입니다. 따라서 태도가 좋은 사람이 결국 리더가 되며 말투가 좋은 사람이 공동체를 이끌 리더십을 소유하게 됩니다.

가는 말이 고와야 오는 말도 곱다고 했습니다. 알면서도 대화의 끝을 꼬는 사람이 있습니다. 그는 속이 배배 꼬인 사람입니다. 일흔 번씩 일곱 번이라도 용서해 주라고 주님은 요구하셨습니다. 태도가 꼬이지 않도록 하라는 말씀입니다. 저는 (아이 넷을 키웠지만) 한 번도 학교 성적이나 스포츠 실력이 기대 이하여서 꾸짖어 본 적은 없습니다. 자녀들이 더 잘하기를 원하는 부모로서 저라고 왜 욕심이 없었겠습니까? 그러나 저는 아이들의 태도가 실력보다 더 중요하다고 확신합니다. 반면 아이들의 말투가 예의 없고 태도가 교만할 때는 한 번도 그냥 넘어간 적이 없었습니다. 우리 믿는 사람들은 태도나 말투가 매우 중요합니다. 오늘 더욱 태도가 온화해지며 말투가 겸손해지기를 기도합니다.

격려 한마디가
1,400만 명을 구했습니다

저는 주로 사람들의 호평을 받은 영화를 봅니다. 영화를 제대로 즐기는 사람이 아니라는 뜻입니다. 그 이유는 전적으로 시간 때문입니다. 엉터리 영화를 보는 데 시간 낭비하고 싶지 않기 때문입니다.

영화평을 보고는 파일을 저장해 놓은 것이 하나 있는데, 영화 〈이미테이션 게임〉(The Imitation Game)입니다. 그 영화에서 몇 번이고 반복하여 등장하는 대사 중 하나가 "가끔은 생각지도 못한 누군가가, 누구도 생각지 못한 일을 해낸다"(Sometimes it is the people who no one imagines anything of who do the things that no one can imagine)입니다.

이 영화는 컴퓨터의 전신을 만든 영국의 천재 수학자이자 물리학자인 앨런 튜링(Alan Mathison Turing)의 삶을 소재로 한 작품입니다. 그는 2차 세계대전 당시 독일군의 암호 체계인 '에니그마'를 해독하는 작전에 참여하여 독일의 무전 에니그마 해독에 성공, 종전을 최소 2년 앞당겼고 1,400여만 명의 목숨을 구했다는 평가를 받고 있습니다.

컴퓨터 지능, 나아가 인공지능의 아버지로 불리는 그가 이처럼 인류에 커다란 공헌을 할 수 있었던 이유가 있습니다. 그는 학창시절, 수학과 과학에만 미쳐 많은 친구들, 심지어는 선생님들에게도 왕따를 당했습니다. 그때 크리스라는 친구가 그에게 해준 말, "가끔은 생각지도 못한 누군가가, 누구도 생각지 못한 일을 해낸다"는 격려에 힘을 얻었다고 합니다. 칭찬은 고래도 춤추게 한다는데 격려는 이처럼 한 사람을 살려내는 힘이 있고 동시에 격려 받은 그 사람은 1,400만 명을 구해내는 결과를 가져왔다는 것입니다.

크리스천에게 가장 필요한 것이 격려라는 생각을 요즘 더 많이 합니다. 크리스천은 사람에게서 어떤 대가나 보상을 바라지 않고 오로지 주님만 바라보며 섬기는 자들입니다. 즉, 칭찬이 없어도 섬기고, 격려가 없어도 섬기는 자들입니다. 신앙은 당연히 그렇게 할 수 있도록 합니다.

그러나 우리가 간과하지 말아야 할 것은 주님의 격려는 대부분 사람을 통해 주어진다는 사실입니다. 격려는 주님께 받으라고 하고 나는 남을 비판하고 견책만 한다면, 그것은 결코 크리스천의 행동이라고 할 수 없습니다.

주님이 우리에게 부탁하신 "서로 사랑하라"를 격려의 말로 실천하는 훈련을 합시다. 가정이나 학교 그리고 직장이나 교회에서도 내 한마디의 격려가 훗날 수천 명의 생명을 살리는 말로 쓰

임 받을지 모르는 일입니다. 이런 일이 영화에만 있는 일이 되지
않았으면 합니다.

Point Loma Light House

다 각자의
사정이 있는 겁니다

똑같은 상황이라도 어떤 틀을 가지고 상황을 해석하느냐에 따라 우리의 생각과 행동이 달라지는 것이 '프레임의 법칙'이라고 합니다.

제가 경험한 몇 가지 예를 들어 보겠습니다. LA 유니온 기차역에서 얼바인에 오기 위해 기차를 타기 전 급하게 화장실을 다녀와야 했습니다. 화장실 밖에까지 사람들이 줄을 서 있어서 깜짝 놀랐습니다. 그래도 화장실이 하나뿐이라 줄을 서서 기다리는 수밖에 없었습니다. 5분이 지났는데도 줄이 줄어들지 않아서, 고개를 줄 밖으로 길게 빼고 내다보았습니다. 서서히 인내심에 한계가 오기 시작했습니다. 이런 공공기관에 화장실 하나 제대로 만들어 놓지 않았다는 불평과 짜증이 마음에서 올라오기 시작했습니다.

기차가 출발할 시간이 다가오는데, 급한 화장실 문제는 해결될 기미가 보이지 않았습니다. 다시 찡그린 얼굴로 앞을 내다

보았더니, 휠체어를 탄 장애인이 같은 줄에 서 있는 것이었습니다. 그 순간 쉽게 짜증을 냈던 모습이 부끄러워졌습니다. 그리고 원망과 짜증 없이 줄을 기다렸습니다.

5번 프리웨이 3, 4차선이 훤히 뚫려 자동차들이 밀리지 않고 잘 달려갑니다. 그러다가 차가 밀리기 시작했고, 차들은 앞다투어 추월하기 위해서 차선을 바꿉니다. 때론 예의 없이 끼어드는 차들 때문에 사고의 위험까지 감수해야 하는 상황입니다. 놀란 가슴에 얌체 운전하는 사람에게 욕을 해대고 싶기도 합니다. 그런데, 뒤에서 불을 켜고 달려오는 구급차의 사이렌 소리가 들립니다. 제 앞에 급작스럽게 차가 끼어든 이유는 구급차에게 길을 내어 주기 위함이었던 것입니다. 미안한 마음에 차에서 내려 끼어든 차 운전자에게 가서 사과하고 싶었습니다.

공항에서 보안 검사하는 줄에서 20~30분을 기다리고 있는데, 누군가가 새치기를 합니다. 무례하기 그지없는 모습이었고, 제 앞으로는 보내 주지 않으려고 마음먹고 있었습니다. 그런데 제 앞에 와서 "제 비행기가 5분 후면 이륙합니다. 죄송합니다. 저 좀 먼저 갈 수 있을까요?" 묻는데, 순간 괘씸한 마음이 풀리면서 앞서가라고 길을 터 주었습니다. 기분 나쁘고, 속상하고, 화가 나는 상황에서라도 다른 틀로 보면 이해가 되고, 도와주고 싶은 마음이 생깁니다.

제 앞에서 무례하게 새치기하는 사람, 인사도 무시하고 차갑게 지나가는 성도, 전화해 달라 메시지를 남겼는데도 전화 한

통 없는 친구, 아무리 소리쳐 불러도 못 알아듣는 척하는 사람⋯ 알고 보니, 새치기가 아니라 줄을 넘어 다른 방향으로 가는 사람 이었고, 급한 전화를 받고 달려가는 중에 내 인사를 놓친 것이었 고, 해외 출장 중이라 전화 메시지를 확인할 수 없는 친구였고, 가는귀가 먹어서 보청기를 사용하는데, 그날따라 보청기를 착용 하지 않아서 뒤에서 부르는 내 소리를 듣지 못했던 것입니다.

《죽으면 죽으리라》의 저자 안이숙 여사가 노년에 쓴 시 〈그 럴 수도 있잖아요〉가 생각납니다. 신앙의 원칙을 칼같이 지키던 안이숙 여사였지만 노년의 글에서 포용과 이해의 모습이 더 묻 어납니다. 안이숙 여사는 "그럴 수도 있다는 생각을 밥 먹듯 하기 로 해요"라고 프레임을 바꾼 것입니다.

노래를 못하고 음성이 나쁘다고 흉보지 마세요
그렇게 태어났으니 그럴 수도 있잖아요
게으르고 더럽다고 멸시하지 마세요
신경상태가 늘어져서 감각이 예민하지 못하니
그럴 수도 있잖아요

눈치 없고 염치없다고 시비하지 마세요
다 나름대로 생각이 있을 테니까
그럴 수도 있잖아요
이해하세요!

우리 이해하기로 해요

내가 나를 싸매고 가리고 변호하듯

그럴 수도 있다는 생각을 밥 먹듯 하기로 해요

　– 안이숙, 〈그럴 수도 있잖아요〉 중에서

신발을 신어 보기 전엔
모릅니다

이웃사촌이라는 말이 있듯이 옆집, 앞집 그리고 이웃이 좋으면 얼마나 사는 재미가 날까 싶습니다. 그런데 저의 앞집에 이사 온 사람은 저희가 아무리 반갑다고 인사해도 그 순간 얼굴을 돌립니다. 처음에는 우리가 하는 인사를 못 봐서 그런가보다 했는데 횟수가 거듭되면서 분명 의도적으로 우리와 관계하지 않겠다는 메시지를 보내는 것임을 알았습니다.

룻기의 표현을 빌리자면 얼굴을 돌리며 우리를 향해 신발을 벗어 던진 것입니다. 그 집에는 4~5세쯤 돼 보이는 귀여운 남자 아이 둘이 있습니다. 엄마가 인사를 하지 않아서인지 두 아이도 우리를 보면 경계의 눈초리로 빤히 쳐다보기만 하지 그 흔한 '인사'를 하지 않습니다. 같이 쓰는 드라이브 웨이에서 아이들이 나와 놀기도 하고, 가끔 장난감 자동차가 길을 막고 있으면 치워 주기도 하며, 온 가족이 자전거를 타기도 합니다. 이럴 때는 평범한 가정 같아 보이는데 문제는 우리를 본체만체 한다는 것입니다.

이제는 만날 때마다 기분이 나빠지려고 합니다. 그냥 무시하고 살까 싶기도 하지만, 왠지 제 마음이 편치 않습니다. 어떻게 해야 할까요? 이제는 그 이웃을 위해 기도를 시작했습니다. 우리를 무시하는 듯한 반응을 처음 대했을 때는 '우리가 뭐 잘못한 거라도 있나?'라며 돌아보기도 했습니다. 아무리 생각해도 인사한 죄(?)밖에 생각나는 것이 없었습니다.

기도하는데, 그 가정에 남다른 아픔과 사정이 있을 수도 있겠다 싶었습니다. 혹시 한국 사람 때문에 피해를 본 적이 있는데, 그 한국 사람이 저를 닮았다든지, 혹은 남모르는 아픔 때문에 대인 기피증이 있다든지, 아니면 심각한 우울증이 있어서 이웃과 밝은 표정으로 인사할 심리적 여유가 없는 것은 아닐까, 단순히 우리를 향한 무시가 더 깊은 내면의 아픈 증상이 아닐까 하는 생각을 하며 기도를 했습니다.

"다른 사람의 신발을 신어 보라"(put yourself in other's shoes)는 영어 표현이 생각납니다. 그 사람의 입장이 되어 생각해 보라는 말입니다. 그 신발을 신고 1마일을 걸어 보지 않고는 그 사람을 이해할 수 없다는 격언도 생각납니다. 신발에 못이 박혀 있는지, 무쇠로 만든 무거운 신발인지, 너무 작아서 물집이 생기게 하는 신발인지, 그 내던진 신발을 잘 살펴보아야겠습니다.

기회가 되면 음식을 해서 갖다 주자고 아내에게 제안했습니다. 한국 음식을 싫어할 수도 있으니 적당한 메뉴를 생각해 보자고 했습니다. 하나님이 우리에게 붙여 준 사람일 수도 있다는 생각이 들어서 앞으로 우리의 인사를 받지 않고 또 고개를 돌리는 일이 있어도 기분 나빠하지 않고 그 영혼들을 위해 기도하기로 했습니다. 그리고 던져진 그 신발을 신어 볼 때까지 하나님께서 주신 지혜로 닫힌 이웃의 현관문을 열어 보겠습니다.

마음을 다할 때
행복의 열매를 거둡니다

제2의 고향인 필라델피아에서 몇몇 후배 목사들과 함께 식사하면서 모두가 공유하는 한 가지 사실을 발견하고는 이야기꽃을 피웠습니다. 그것은 다름 아닌 아이들을 모두 신학교 근처 애빙톤(Abington)병원에서 출산했다는 것이었습니다. 가난했던 신학교 시절 의료보험이 없어서 결국 클리닉에서 인턴의사들의 실험 도구(?)가 되어 아기를 낳았던 시절의 이야기는 제가 신학교에 다닐 때나 후배 목사들 때나 마찬가지였습니다.

경험이 없는 인턴의사들이 한 뼘 길이의 무시무시한 주삿바늘로 척추에 무통 마취 주사를 네 방이나 놓았지만 결국 마취가 안 돼 고생한 이야기, 마취 부작용으로 다리가 들려서 못 걷는 줄 알았다는 이야기, 반쪽만 마취되고 반쪽은 산통을 그대로 느끼며 출산했던 이야기를 하다가 애빙톤 병원의 산부인과 간호사 이야기가 나왔습니다. 그러자 후배 목사들이 이구동성으로 감탄을 자아냈습니다.

경험이 부족한 인턴들의 문제를 유연하게 대처하면서 진정으로 환자를 돌봐 준 바니 수간호사 이야기를 하면서 대화 분위기가 바뀌었습니다. 그녀의 감동 스토리는 그칠 줄 몰랐습니다. 특히 산모들을 지극정성으로 대해 줘 친정어머니 같은 따뜻함을 느끼게 해주었다고 합니다. 한번은 그 정성이 너무 고마워서 신학생들이 피크닉을 마련해서 바니 수간호사 가정을 대접했다고 합니다. 또한, 정성을 모아 선물과 함께 감사패를 전달하기도 했다고 합니다. 난생처음 들어 보는 가슴 뭉클한 이야기였습니다.

감사패를 받으며 바니 수간호사는 눈물을 글썽거렸고, "단지 해야 할 일을 했을 뿐입니다"라고 고백했답니다. 바니 수간호사의 눈에는 유학길에 나선 남편을 따라 미국에 온 젊은 사모들이 영어도 잘 안 되는데 처음으로 클리닉에서 아기를 낳으면서 두려움에 불안해하는 모습이 보였던 것입니다.

그래서 각별히 더 신경을 쓰며 돌보는데 한국 여성들의 체질이 서양인과는 좀 다르다는 생각이 들었답니다. 그래서 한국에 있는 잘 알려진 많은 병원에 "내가 한국인이 아기 낳는 것을 도울 때 꼭 알아야 할 사항이 있으면 알려 달라"고 이메일을 보냈다는 것입니다. 이메일로 답해 준 내용을 보면서 한인 산모를 돌본 바니 수간호사는, 그렇게 수많은 한인 목회자들에게 감동으로 남는 인물이 되었습니다.

예수님의 가르침이 생각납니다. "주인이 명한 대로 했다고 종에게 감사하겠느냐?"라고 말씀하시는 주님은 우리도 명령 받은 것을 최선을 다해 행한 후에 "우리가 하여야 할 일을 한 것뿐이라"(눅 17:10b)라고 하면 된다고 하셨습니다. 맞습니다. 바니 수간호사도 "하여야 할 일을 한 것뿐이다"라고 했습니다.

당연히 해야 할 일을 한 것뿐인데 왜 신학생들이 바니 수간호사에게 고마움을 전하며 감사패까지 전달했을까요? 바니 수간호사는 자기 할 일을 억지로나 소극적으로 하지 않았습니다. 사명감과 사랑, 그리고 열정으로 했습니다. 이럴 때 감동이 있듯이 우리도 마땅히 해야 할 일을 사랑과 열정으로 하면 주님께서 "잘했다 착하고 충성된 종아"라며 칭찬해 주실 것을 믿습니다.

이름을
불러 주세요

　우리 교회가 협력하는 캄보디아 에스더 선교사님이 운영하는 선교센터는 동물원을 방불케할 정도로 동물이 많습니다. 캄보디아의 시골 방문을 목뼈가 툭 튀어나온 하얀 어미 소와 젖을 먹는 새끼 소가 맞이했습니다. 온 마당에 풀어 키우는 털 뜯긴 닭들이 정신없이 돌아다니고 있습니다. 나중에 안 사실이지만, 싸워서 털이 뜯긴 것이 아니라, 원래 종자가 털 뜯긴 모습이랍니다.

　알을 품고 있는 닭에서부터 마당을 뛰어다니는 갓난 병아리, 여기저기 배를 깔고 드러누워 낮잠을 자는 고양이와 개들, 혹은 방문객들이 반갑다고 몸을 비벼대는 놈들로 깜짝깜짝 놀랍니다. 보통 개와 고양이가 앙숙이라는데, 선교센터는 그렇지 않습니다. 어려서부터 같이 자라서 그렇다고 하는데, 제가 보기에는 이들도 복음으로 거듭난 것 같습니다. 개와 고양이가 하나 되어 서로 핥아 주고, 기대어 같이 낮잠 자는 모습이 형제 자매처럼 정다웠습니다.

방금 잡은 토종닭들을 튀겨서 점심을 먹고 있는데, 선교사님이 개들에게 남은 닭 뼈다귀를 던져 주었습니다. 한국에서는 개에게 닭뼈는 절대 주지 않는다고 하던데, 캄보디아 개들은 닭뼈도 잘 먹는 것 같습니다. 그런데 그보다 더 신기한 것이 있었습니다. 그 많은 개들에게 이름이 있다는 것입니다. 삐삐, 라이온 등 한 마리씩 이름 부르며 다 뜯어 먹지 못한 닭고기를 먹으라고 던져 줍니다.

다른 데서 그냥 굴러와 빌붙어 먹는 개들은 이름이 없었습니다. 궁금해서 이름 없는 개들은 어떻게 불러서 먹이를 주냐고 물어봤습니다. 선교사님의 답이 이름 없는 개들은 그냥 "개들아" 하고 부른답니다. 배꼽을 잡고 웃다가, 성도님들의 이름을 다 외우지 못하는 부족한 저의 모습에 뜨끔했습니다.

하나님이 우리를 어떻게 부르실까 가끔 생각해 봅니다. "형제님, 자매님" 하고 부르실까, 아니면 이름을 불러 주실까?

- 내가 나의 종 야곱, 내가 택한 자 이스라엘 곧 너를 위하여 네 이름을 불러 너는 나를 알지 못하였을지라도 네게 칭호를 주었노라
  사 45:4
- 여인이 어찌 그 젖 먹는 자식을 잊겠으며 자기 태에서 난 아들을 긍휼히 여기지 않겠느냐 그들은 혹시 잊을지라도 나는 너를 잊지 아니할 것이라 내가 너를 내 손바닥에 새겼고… **사 49:15-16a**

'내가 너를 내 손바닥에 새겼다'는 말은 우리 이름을 새겼다는 뜻입니다. 하나님도 우리를 이름으로 부르신다는 증거입니다. 우리를 "개들아" 부르시지 않고, 인격적이고 따뜻하게 한 사람 한 사람 이름으로 불러 주실 그날을 사모합니다. 저도 불가능하겠지만, 성도님들의 성함을 다 기억하도록 노력하겠습니다.

내가 남길 이름에
구두약 좀 칠해 줍시다

호랑이는 죽어서 가죽을 남기고 사람은 죽어서 이름을 남긴다고 합니다. 저는 그것이 한 인생을 살다 간 흔적이라고 생각합니다. 사랑하는 이를 먼저 보내고 나면 그 자리가 한없이 허전한 이유도 고인이 남기고 간 흔적 때문입니다.

먼저 간 성도들을 생각하면 저는 지금도 그분들의 흔적이 느껴져 마냥 그립습니다. 직업상 사람들 앞에 서서 설교를 하는 사람인지라, 저를 지켜보는 분들도 나름대로 저를 보는 각도가 있습니다. 저의 옷매무새를 보는 분, 양복과 넥타이 색깔이 잘 매치 되었나 보는 분 등 다양합니다. 헤어스타일리스트는 제가 머리를 잘 빗었는지 볼 것이고, 안경점을 하시는 분은 제 안경이 유행을 따라가고 있는지 볼 것입니다. 의사 선생님은 저의 혈색을 살피며 건강 상태를 확인하려고 할지 모르겠습니다. 또 구둣가게를 하시는 분은 제 구두가 잘 닦여 있나 볼 것입니다.

저는 일 년에 한두 번 LA 다운타운에 강의하러 나갈 기회가 있습니다. 그때마다 저는 학교 근처 구둣방에 들릅니다. 주로 구두 뒷굽을 갈기 위해서입니다. 간단한 작업이라 잠깐 기다리면서 수선하시는 구둣방 사장님에게 물었습니다.

"사장님, 몇 년이나 이 구둣방을 운영하셨어요?"

"이민 와서 시작했으니까 한 20년은 되었죠."

"정말 오래 하셨네요. 사장님, 혹시 구두를 보면 그 사람이 어떤 사람인 줄 아시나요?"

"대충 알죠."

구둣방 사장님은 별 희한한 질문을 다 한다 싶었는지, 잠시 머뭇거리시더니 이 말 저 말 쏟아 내십니다.

"신발도 인격이 있거든요. 집에서 키우는 강아지 같은 것이라, 주인이 잘 대해 줬는지 아니면 막 대했는지 티가 나죠."

그 말을 듣는데, 구두약을 잘 발라 주지 않고 가끔 공항에서 다음 비행기 기다리는 시간이 지루할 때 일 년에 한두 번 닦아 주는 것이 전부인 저는 괜히 죄짓다 들킨 양 뜨끔했습니다. 거의 다 닳은 뒷굽을 집게로 뜯어내고 새 굽으로 바꿔 달고 계시는 사장님에게 "다들 저처럼 바깥쪽으로 굽이 닳죠?" 하고 물었습니다.

"다 달라요. 안쪽이 닳는 분도 계시고, 뒤가 닳는 분도 계시고, 뒷굽은 멀쩡하고 앞창이 닳는 분도 있어요."

구둣가게 사장님은 나름 20년의 노하우로 구두만 보면 그 사람의 인격도 짐작할 수 있나 봅니다. 훗날 더 이상 구두를 신을 필요가 없을 때, 내가 두고 가는 구두들이 나의 인격을 대변할 텐데 지금부터라도 구두약 잘 발라 주고 걸을 때도 인격 있게 낡아지는 구두가 되도록 조심히 걸어야겠습니다. 내 구두가 남길 발자국은 어떤 모양일까요?

끝은 다가오는데,
세월을 아끼고 있습니까?

파나마 운하를 통과하는 크루즈를 다녀오신 장로님께서 물었습니다.

"목사님, 운하 통행료가 얼마인 줄 아십니까?"

"글쎄요, 큰 배가 통과해야 하니 몇 만 달러는 하겠네요."

빙그레 웃으면서 장로님이 말씀하시기를 "98만 달러입니다" 하십니다. 거의 백만 달러의 통행료를 낸다는 말에 깜짝 놀랐습니다. 그런데 파나마 운하를 통과하면서 실질적으로 약 7,800마일 돌아갈 뱃길을 절약한다는 말에 그 정도 요금은 내야겠다는 생각이 들었습니다. 그뿐만 아니라 운하를 건설하면서 약 7,000명의 순직자가 있었다고 하니 요금은 그 고귀한 생명에 대한 가격이라 생각해도 틀리지 않을 것입니다.

생명을 '살아 있는 시간'으로 정의한다면 수많은 생명으로 저당 잡힌 시간들을 우리가 지금 돈을 내고 산다고 해석할 수도 있을 것입니다. 다리를 놓고, 혹은 터널을 만들고 요금을 받는 것도 우리에게 무엇보다 시간 절약의 유익을 주니, 당연할 것입니다. 프리웨이로 유명한 캘리포니아도 더 이상 무료는 아닌 것 같습니다. 교통체증 때문이겠지만 유료도로들이 많이 만들어지고, 많은 사람이 돈을 내도 시간을 절약할 수 있는 유료도로를 이용한다고 합니다.

교통 편의가 언제부터인가 돈으로 환산되었습니다. 정말로 시간은 돈이 된 것입니다. 비자 신청할 때 접수된 서류가 빨리 진행되도록 하는 급행요금이 있습니다. 또 요금을 두 배로 주면서 총알택시도 탄다고 합니다. 자동차 승객이 두 사람 이상이면 무료로 쓸 수 있는 카풀레인도 이제는 운전자 혼자만 타도 요금을 내면 사용할 수 있는 급행선으로 바뀐 것을 보면, 시간을 절약하기 위해 엑스트라 요금을 내는 것은 기정사실화 된 것 같습니다.

저는 일 년에 한 번씩 아주사신학교 LA 분교에서 멘토링을 가르칩니다. 그때 저는 주로 기차를 타고 출근합니다. 꽉 막힌 도로에 서 있지 않아도 되는 편리함도 있지만, 기차를 선호하는 이유는 한 시간 동안 기차 안에서 노트북을 열고 일을 할 수 있기 때문입니다. 결국 시간을 절약할 수 있다는 계산이, 따로 요금을 내면서 기차를 타게 되는 진짜 이유인 것입니다. 미국 서부에서 동부로 날아가는 비행기도 레드아이(RED EYE, 야간비행)가 인기 있습니다. 그 이유도 한마디로 말하자면 시간 절약입니다. 잠을 자면서 동부로 가서, 동부 시간으로 아침에 도착해서 바로 일을 시작할 수 있기 때문입니다.

'세월을 아끼라'는 말씀이 오늘도 쟁쟁하게 우리 귓가에 울립니다. 세상은 돈을 내면서 시간 절약에 총력을 기울이는데, 우리가 주를 위해 시간을 절약하는 일은 무엇일까요? 돈을 내면서라도 시간을 사는 가치 있는 일은 무엇인가요? 하나님이 우리에게 주신 시간은 종착점을 향해서 오늘도 흘러갑니다. 모든 사람에게는 하루 24시간이 공평하게 주어집니다. 오늘도 24시간이 주어질 것입니다. 예수님의 생명을 치루고 우리에게 주어진 시간을 아낍시다. 돈을 주고 사서라도 하나님의 사역을 위해 오늘을 가치 있게 살아갑시다.

허물은 덮고

사랑만 남긴다

예수님과의
첫 만남을 기억합니까?

　제 기억 속의 첫 가족 여행은 올랜도에 있는 디즈니월드였습니다. 마침 섬기고 있던 선교 이사회의 모임이 올랜도에 있는 위클리프 본부에서 열리게 되어 가족과 함께 가게 된 것입니다. 큰아이가 초등학생이었고 막내는 태어나지도 않았던 때이니 꽤 오래전의 일입니다.

　그 당시 광고에서 슈퍼볼에서 이기면 어디를 가겠냐는 질문에 "우리는 디즈니월드를 갑니다"라고 했던 말이 유행하고 있었습니다. 아이들에게는 집을 떠날 때까지 비밀로 했다가 피츠버그에서 올랜도로 비행기를 갈아탈 때 "우리는 디즈니월드를 갑니다"라고 깜짝 공개했습니다. 아이들은 너무 좋아서 숨도 제대로 못 쉬고 졸도하기 직전이었습니다. 비행기에 탄 뒤에도 승무원들에게 "이 비행기가 진짜 디즈니월드에 가나요?" 하면서 누누이 확인하는 것입니다.

　올랜도의 따뜻한 날씨와 야자수가 즐비한 이국적인 풍경

을 보며 흥분한 우리는 춤을 추며 길을 걸었습니다. 지나가는 사람들이 우리를 쳐다보며 웃었습니다. 마이클 잭슨을 흉내 내기도 하고 당시 유행했던(기억이 확실치는 않지만) 뉴키즈 온 더 블록의 'step by step'을 부르고 괴성을 지르며 우리는 모두 잠시 미쳤습니다. 가족이 함께 처음으로 나들이하는 기쁨과 아이들의 로망인 디즈니월드가 그렇게도 좋았던 것입니다.

누구에게나 첫 기억은 소중합니다. 웨딩드레스를 입은 신부의 손을 건네받던 순간의 떨림이 그랬으며, 첫아이가 태어났을 때 나의 분신이라는 신비함이 그랬습니다. 그 아이가 처음으로 스쿨버스를 타고 학교에 가던 안쓰러움이 그랬고, 학사모를 쓰고 졸업하던 날 온 가족이 모여 축하하며 사진을 찍던 날이 그랬습니다. 이제는 다 큰 아이들 넷이 엄마 아빠를 떼어 놓고 처음으로 여행을 가면서 즐거워하는 사진들을 보내올 때, 대견함으로 뭉클했던 마음이 그랬습니다.

혼자 이 세상을 정처 없이 사는 것이 우연의 결과인 줄 알았다가 나를 지으신 이가 있으며 나를 이 자리에 있게 하신 분이 있다는 사실을 깨달았을 때 그랬습니다. 나를 죽기까지 사랑하신다는 예수님의 십자가 이야기가 무딘 가슴에 방망이질할 때, 세례를 받으며 머리에서 얼굴로 그리고 무릎으로 떨어지던 물이 마치 하나님이 잘했다 칭찬하시는 토닥거림처럼 느껴졌던 감동이 그랬습니다.

예수님을 처음 만났던 때를 기억하십니까? 첫 만남이지만 오랜 친구를 만난 듯한 친숙함이 있고, 낯설지만 손에 익은 찻잔을 감싼 듯한 따뜻함이 있었습니다. 이러한 예수님과의 첫 기억이 있기를 바랍니다. 앞으로 두고두고 생각해도 지루하지 않고 보고 또 봐도 지루하지 않은 추억의 옛날 비디오테이프 같은 만남의 축복이 모두에게 이루어지기를 기도합니다.

아버지
천국 가시던 날

아버지에게 맞은 적이 딱 한 번 있습니다. 무슨 일 때문에 맞았는지 기억은 없지만, 아버지는 손바닥으로 저의 뒷목을 세게 내리치셨고, 저는 정신이 번쩍 났습니다. 지금도 왜 멍하게 있냐며 한 대 때리시는 것 같아 정신을 차려 봅니다.

장남으로 태어난 저를 향한 아버지의 기대는 몹시도 컸습니다. 초등학교에 들어가기도 전에 "앞으로 중국이 열릴 것이다"라며 저를 화교 학교에 먼저 다니게 하신 것부터 시작해서, "영어는 기본이다"라고 말씀하시며 생활영어 테이프를 중학교 때부터 듣게 하셨습니다. 본인은 음악을 전공했지만, 자녀들은 어학을 정복하기를 원하셨습니다.

신앙 교육도 철저히 받았습니다. 어린 시절 용돈을 쓸 때도 십일조 하는 것부터 훈련받았습니다. "예배는 몸이 아파도 가야한다. 예배드리러 가다 죽으면 순교다"라고 하시며 예배에 임하는 자세를 가르쳐 주시던 기억이 생생합니다. 그래도 어린 마음에 가장 힘들었던 것은 가정예배였습니다. 너무 지루해서 몸이 베베 틀어졌지만, 사도신경으로 시작해서 주기도문으로 끝났던 가정예배가 지금의 저를 만든 것 같습니다.

아버지는 가정예배를 드리며 온 가족이 함께 찬양하는 것을 좋아하셨습니다. 본인이 환갑 되는 해에 가족콘서트를 하고 싶다고 늘 말씀하셨습니다. 그래서 어머니의 피아노 실력으로는 부족하니 피아노를 잘 치는 며느리를 얻고 싶어 하셨습니다. 제 아내나 제수씨에게 하신 첫 질문은 "피아노 칠 줄 아나?"였습니다. "조금 칩니다"라는 며느리들의 대답에 속으셨고, 그나마 하나 있는 사위는 세상에 듣도 보도 못한 음치였습니다. 결국 환갑 기념 가족콘서트는 물 건너가 버렸습니다.

그래도 아쉬우셨던지 아무 도움 없이 당신이 낳은 자식들로만 찬양을 해보겠다고 하시면서 스튜디오도 아닌 그랜드피아노가 있는 피아노 전공하는 자매의 집에서 다섯 식구 가족 찬양을 녹음해서 앨범을 만들었는데, 그 카세트테이프가 지금 어디로 갔는지 아무리 찾아도 없습니다.

아버지가 천국 가시던 날, 당신 닮아 노래를 잘한다고 기뻐하셨던 첫 손녀 소원이가 할아버지를 생각하며 헌금 특송을 한 것이 굿바이 찬양이 되었습니다. 환갑 가족콘서트는 아니었지만, 카네기홀 음악회 부럽지 않은 손녀딸의 주일예배 찬양을 들으시며 천국에 입성하셨으리라 믿습니다.

하늘 아버지께
인정받는 길

아버지가 살아계셨을 때에는 부모님의 결혼기념일이나 심지어 어머니의 생신까지 아버지의 날에 묻혀 그냥 지나가곤 했습니다. 그러나 3년 전 아버지가 돌아가시고 홀로 맞이하시는 어머니의 80세 생신이라, 삼남매가 휴가를 내어 온 가족이 뭉쳤습니다. 손주들도 휴가를 받아 같이 모였습니다. 가만히 생각해 보니 저녁 식사를 위해서 온 가족이 모인 적은 가끔 있지만, 같이 휴가를 내어 한 장소 한 공간에서 먹고 자며 함께 지낸 적은 이번이 처음이었습니다.

저희는 모여서 제일 먼저 가정예배를 드렸습니다. 같이 말씀을 읽고 나눔의 시간을 가지면서 서로의 마음 문을 열었습니다. 가족이라도 함께 모이지 않으면 서먹서먹한 부분이 왜 없겠습니까? 그러나 다 예수 믿는 가정들이라 말씀 앞에서 자신의 삶을 여과 없이 열면서 하나님께서 얼마나 신실하게 우리 가정을 인도해 오셨는지 눈물로 간증했습니다.

손주들도 서툰 한국말을 섞어 가면서 영어로 할머니에게 감사한 말씀을 전했습니다. 큰딸은 할아버지 돌아가시고 나서 할머니가 외로울까봐 할머니 집에 가서 일주일을 지내고 온 적이 있었는데, 그때 할머니가 해주신 밥이 최고였다고 했습니다. 작은 아들은 엄마 아빠가 없을 때 그 빈자리를 할머니가 늘 채워 주셨다며 고마워했습니다. 그리고 큰아들과 막내딸이 이런 말을 했습니다.

"우리에게 너무 좋은 아버지를 낳아 주셔서 감사합니다."

"저는 아빠를 존경하고 늘 아빠의 성품을 배우고 싶은데, 그런 것이 할머니에게서 왔다고 생각합니다."

아들이 하는 말을 어머니에게 통역하면서 갑자기 말문이 막히고 마음이 먹먹해졌습니다. 아들에게 한 번도 들어 보지 못했던 말이었기 때문입니다. 늘 아들에게 기대가 많았던 저는 아들을 향한 한없는 짝사랑인 줄 알았는데, 갑자기 아들로부터 사랑 고백을 받는 기분이었습니다. 어머니에게 고마운 말을 전한다는 것이 오히려 제가 사랑 고백을 받는 순간이 되었습니다. 마치 아빠 자격 고시가 있다면 합격통지를 받은 기분이랄까…. 저는 이 고백을 받고 오랫동안 감동의 여운에서 벗어나지 못했습니다.

누군가에게 인정받는 것이 이처럼 감동적인지 몰랐습니다. 특별히 가까운 가족의 인정을 받는 것만큼 중요한 일은 없다고 생각합니다. 평생 살아온 삶의 가치관이 받아들여진 순간이기 때문입니다.

"누구든지 사람 앞에서 나를 시인하면 나도 하늘에 계신 내 아버지 앞에서 그를 시인할 것이요"(마 10:32)라는 말씀이 생각납니다. 여기서 '시인'은 영어로 'acknowledgment'입니다. 즉, 예수님을 인정하는 것이 하늘 아버지께 인정을 받는 길이라는 뜻입니다. 아들에게 인정받은 것도 이렇게 좋은데, 하늘나라에서 하나님께 인정받는 기분을 무엇이라 표현해야 할지 너무 기대가 됩니다.

버리고 싶은 남편,
데이트하고 싶은 남편

"요즘 잔소리가 부쩍 늘었어요."

제가 아내에게 자주 듣는 말입니다. 말이 많아졌나 봅니다. 원래 강단에서 모든 말을 쏟아 내는 스타일이라 아내에게는 말을 아끼는 편인데, 50대에 들어서면서 아내에게 요구사항이 늘어났나 봅니다.

운동 같이 하자는 요구부터 시작해서 뒷마당에 채소를 심을 수 있느니 없느니, 고지서는 왜 이렇게 막판까지 기다렸다가 내느냐, 망가진 오븐은 왜 빨리 사람을 불러 수리하지 않느냐… 옛날에는 집안일이 죽이 되든 밥이 되든 아내에게 맡겨 놓았는데, 요즘 제가 말이 많아진 겁니다.

그러다가 눈에 들어온 책이 《가끔은 남편을 버리고 싶다》입니다. 책에 이런 대목이 나옵니다. "연애 때와 달리 불룩 튀어나온 배, 반찬 투정도 모자라 툭툭 내뱉는 잔소리, 육아에는 관심이 눈곱만큼도 없는, 그야말로 내 편 아닌 남.편. 아내도 가끔은

116

남편을 버리고 싶다. 아내가 아닌 여자이고 싶다. 매일 저녁 일상을 주고받으며, 나의 투정을 들어줄 수 있는 남자. 육아와 살림에 치인 엄마가 아닌 나를 향기로운 여인으로 봐주는 남자. 밥 한 공기, 국 한 그릇만 주면 머슴처럼 나를 지켜줄 남자. 그런 남자가 내 남편일 순 없을까?"

순간 불안해져서 옆에서 자고 있는 아내를 흔들어 깨웠습니다.

"여보, 당신도 혹시 나 버리고 싶을 때 있었어?"

들었는지, 못 들었는지 아내가 답이 없습니다.

"버리고 싶을 때 있었느냐고?"

그러자 아내가 왜 잠자는 사람 귀찮게 하느냐는 투로 겨우 대답해 줍니다.

"없었어!"

도둑이 제 발 저리다고 일단 듣고 싶은 답을 들어 안심이었습니다.

그런데 왜 자꾸 마음이 불안해지는지 모르겠습니다. 결혼한 지 28년이 되었는데도 아직도 이런 질문을 하고 싶은 것을 보면 한참 자라야 할 부분이 제 안에서 저를 찌르나 봅니다. 자동차도 시간이 되면 점검하여 수리받아야 하듯이 우리 가정도, 우리 부부도 한번 뒤돌아보는 시간을 가졌으면 합니다.

자동차가 굴러간다고 문제가 없는 것이 아니듯, 문제가 없다고 다 행복한 가정은 아닙니다. 오늘부터 뱃살도 빼고, 잔소리보다는 솔선수범하는 '보아스'로 거듭나야겠다는 결심을 합니다.

행복한 가정은 나로부터 시작합니다. 철저히 이기적일 수밖에 없는 죄인의 모습에서 거듭나, 따뜻한 사랑의 표현과 관심을 보여 주며 그리스도인 가정의 행복의 주춧돌을 하나씩 놓아 간다면 '매일 데이트하고 싶은 남편' 같은 제목의 책도 곧 출간되리라 믿습니다.

그래서 하나님도
자꾸 말을 거시나 봅니다

어느 추수감사절 휴일에 온 식구가 영화 관람을 했습니다. 제목은 〈굿 다이노〉(The Good Dinosaur)였습니다. 막내딸에게 수준을 맞춘다고 애니메이션을 봤는데, 우리 모두는 깊은 감명을 받았습니다.

공룡 알로(Arlo)는 집안의 막내로 늘 하는 일이 시원치 않았습니다. 아버지가 훈련하는 도중 불의의 재난으로 죽고, 알로 역시 강물에 빠져 정신을 잃고 한없이 떠내려가다가 구사일생으로 목숨을 구합니다. 알로가 집을 찾아가는 길에 여러 일을 겪습니다. 그러면서 아버지에 대한 그리움이 그를 더욱 성숙하게 합니다. 이 이야기는 마치 우리 이야기처럼 다가왔습니다. 특별히 집을 찾아가는 여정에서 만난 스폿(Spot)이라는 한 소년과의 우정은 보는 사람의 눈시울을 뜨겁게 했습니다.

가장 감명 깊었던 장면은 가족을 찾은 스폿과의 이별이었습니다. 친구를 살리기 위해 목숨까지도 걸었던 알로가 가족의 소중함을 깨닫고 드디어 가족을 찾은 스폿을 보내는 장면에서는 슬프다 못해 눈부신 카타르시스까지 느껴졌습니다. 가족이 얼마나 소중한 존재인가를 다시 한 번 깨닫게 해준 시간이었습니다.

옆에 앉은 두 아들과 영화를 보면서 저는 두 가지 때문에 놀랐습니다. 첫째는 자기들이 보고 싶은 영화가 있었을 텐데 막내 동생을 위해 애니메이션을 같이 보러 온 점이며, 둘째는 아버지를 그리워하는 공룡을 보며 제 생각을 해주었다는 것입니다. 아무 생각 없이 무뚝뚝하게 지내는 것 같은 멋없는 두 아들이 할아버지의 부재로 힘들어하는 가족에 대한 연민도 느끼면서, 아버지를 여읜 자기 아버지를 생각하는 것이 기특하기까지 했습니다.

저도 나이가 드는지 아이들과 얘기하면 좋고, 함께 모여 앉아 식사하는 시간이 마냥 행복합니다. 아이들과 말이 통하는 아버지가 되기 위해 같이 축구도 열심히 보면서 아는 척 떠들고, 제가 해도 되는 심부름도 자꾸 아들들을 시킵니다. 게임 본다고 싫다고 해도 억지로 시킵니다. 그냥 그 말이라도 자꾸 해서 말을 걸고 싶은 아버지의 심정입니다.

하나님 아버지도 그래서 저에게 자꾸 말을 거시나 봅니다. 제가 귀찮게 느낄 정도로 자꾸 새벽에 깨우시나 봅니다. 제가 바쁘다고 해도, 사역들을 그냥 순조롭게 하지 못하도록 자꾸 성가신 일들을 만드시는 게 아닌가 하는 생각이 듭니다. 나와 얘기 좀 하자고 자꾸 말을 거시는 것 같다는 생각이 듭니다. 아이들이 귀찮아해도 심부름을 억지로 하는 모습이 귀여워서 자꾸 말을 거

는 제 모습을 보며, 오늘도 하나님을 아버지라 부르며 기도의 무
릎을 꿇습니다.

속물 부모라도
자식을 위해서라면 뭐든 합니다

고등학교 다니는 한인 2세들이 모여서 1세 부모에 대해 답답하고 부끄러웠던 경험들을 이야기하는 것을 신문에서 읽었습니다. 부모 자신은 영어를 열심히 배우지 않으면서 자녀에게는 한국어를 배우라고 강요하는 것이 이해하기 힘들고 위선적으로 보이기까지 한다고 합니다.

또한 문화적 우월감인지, 타인종과는 교류도 하지 않고 사회적인 고립을 자초하는 부모님의 모습이 부끄럽다고 했습니다. 너무 엄하게 대하는 부모님과 명문대를 꼭 가야 한다며 공부 스트레스를 주는 부모님, 그리고 어른을 존경해야 한다며 특정 행동을 강요할 때는 참을 수 없이 화가 난다고 했습니다.

저는 이 글을 읽으면서 1세 부모님들을 더 동정하게 됩니다. 영어를 열심히 배우지 않는 것이 아니라, 습득되지가 않는 것입니다. 자녀에게 한국말을 가르치는 이유는 해외에 나오면 애국자가 되고, 한국말을 하는 동포들과의 동질감으로 이민 초기의 어려움을 견뎠기 때문입니다. 그리고 또 하나는 언어를 습득하는 것이 얼마나 큰 재산이 되는 줄 알기 때문입니다.

타인종과 교류를 안 하려는 것이 아니라, 새로운 환경에서 살아남기도 벅찬데 학교 행사에 치맛바람 날리며 다닐 여력이 없기 때문입니다. 자식들의 장래를 위해 도움은 못 되어도 자식들이 명문대라도 들어가면 미국 사회에서 스스로 헤쳐 나가며 성공할 수 있지 않을까 하는 막연한 기대 속에 '공부, 공부' 하게 되는 것입니다.

제가 캠퍼스 사역을 할 때 상담했던 자매가 기억납니다. 그 자매의 부모님은 소위 자식을 판검사 만들려고 미국에 이민 왔다고 합니다. 그런데 딸이 대학에서 미술을 전공하겠다고 하니, 아버지가 반대하며 말렸다고 합니다.

또 한 자매는 프리메드(pre-med, 의대에 진학하기 위해 이수하는 과정)를 전공하고 있었는데, 사실 커뮤니케이션을 공부해 보고 싶었다고 합니다. 그런데 부모님은 그것이 무엇을 공부하는 것인지 모르고 "너같이 말 잘하는 애가 돈 들여 가며 그 공부하러 왜 대학을 가니? 말 안 하고 수술하면서 돈 버는 의사해라"라고 해서 결국 의대 공부를 하게 되었다고 했습니다. 그 말을 듣고 같이 배를 쥐고 웃었던 기억이 납니다.

저 역시 자녀들에게는 부끄러운 부모가 아닌가 생각합니다. 미국에서 대학도 나오고, 영어로 소통하는 것이 그리 어렵지는 않지만, 저도 여지없이 우리 아이들이 한국말을 잘했으면 좋겠고, 명문대 고집은 안 하지만 굳이 좋은 대학 가겠다는 아이를 말릴 생각은 없습니다.

그러나 한 가지 분명한 것은 부모가 아무리 속물이라도 자녀를 위해서라면 물속에라도 뛰어들 수 있는 사람이라는 것입니다. 물론 부모는 그 각오로 자녀를 하나님께 맡기고, 믿음의 도를 가르치고, 교회생활의 기쁨을 가르쳐줄 수 있어야겠습니다. 그러면 우리 아이들은 결코 부모를 부끄럽게 생각하지 않을 것입니다.

맛있는 것 혼자 먹으면
나쁜 사람입니다

몇 년 전 설교 때 맛있는 것 혼자 먹는 사람이 제일 못된 사람이라고 말씀 드린 적이 있습니다. 저는 아이들에게 남기는 유언에도 "맛있는 것 나눠 먹어라. 혼자 먹는 사람이 제일 나쁘다"라고 써 놓았습니다. 제가 미식가도 아니고, 요리를 취미로 하는 사람도 아니며, 그렇다고 전쟁을 겪은 세대라서 먹는 것에 목숨 걸 이유는 더군다나 없는데, 왜 이런 이야기를 설교 중에 해서 많은 성도님이 맛있는 음식 드실 때 죄책감을 느끼게 했을까 곰곰이 생각해 보았습니다.

어린시절, 어머니가 음식을 만들어 이웃들에게 나눠 주시면 은근히 아까워했던 속 좁았던 제가 떠오릅니다. 동생들과도 먹는 문제로 은근히 시기하고 싸웠던 기억이 납니다. 어머니가 미군 부대 교회에서 성가대 반주를 하셨기 때문에 당시는 귀하디 귀한 M&M's 초콜릿을 가지고 오시면 동생들과 똑같이 나누었는데, 동생들 것 먼저 먹고 제 것은 끝까지 아껴 먹는 치사한 짓을

했던 일도 기억납니다. 저는 회심할 때 이런 죄들을 가장 큰 죄처럼 엄청나게 울며 회개했었습니다.

물론 그 이후 더 심한 죄도 지었지만, 어릴 때 지은 죄의 가슴 아픈 기억이 유언에도 등장하게 되었나 봅니다. 어른이 되어서는 먹는 것이 죄지을 정도로 큰 유혹이 되지는 않지만, 어릴 적 기억은 작은 일에도 감사하라는 교훈을 주었습니다. 먹는 음식을 놓고 감사할 줄 아는 사람이 세상을 불평 없이 살 수 있습니다. 중국 격언에 "어둡다고 불평하는 것보다 작은 촛불 하나라도 켜는 것이 낫다"라는 말이 있습니다. 어두운 세상은 불평한다고 밝아지지 않습니다. 내가 할 수 있는 작은 감사가 어두운 세상을 밝힐 수 있음을 믿어야 합니다.

또 한 가지 제가 배운 교훈은 이것입니다. 음식도 나눠 먹으면 세상이 조금 더 밝아지는데, 우리 예수님을 이웃과 나누지 않으면 정말 나쁜 사람이라는 것입니다. 우리가 천국을 소유할 수 있는 이 기회를 우리끼리 독식한다면 얼마나 못된 사람이겠습니까? 좋은 정보, 유익한 지식, 하다못해 바겐세일 정보도 나누어야 하듯이, 맛있는 것 혼자 먹지 않고 마음의 문을 활짝 열어 나누어야 합니다. 주위의 귀한 이들에게 예수님을 나누어 주는 우리가 되길 바랍니다.

서로를 위해 붙들어야 하는
밧줄이 있습니다

현대 선교운동의 아버지라 불리는 윌리엄 케리가 남긴 유명한 말이 있습니다.

"I will go down, but remember you must hold the rope."(저는 내려갈 것입니다. 그러나 여러분은 밧줄을 붙들어 주셔야 함을 기억해 주십시오.)

저는 영화 한 편이 떠올랐습니다. 멜 깁슨이 감독을 한 〈핵소 고지〉(Hacksaw Ridge)라는 영화였습니다. 제2차 세계대전 당시, 지원병으로 나서는 데스몬드 도스(Desmond Doss)는 자신의 확고한 신앙의 가치 때문에 사람의 생명을 거두는 총 잡는 것을 거부합니다. 모든 훈련을 다 받았지만 결국 자신과 함께 싸우는 전우들의 생명을 지킬 수 없는 군인은 전쟁에 나갈 수 없다 하여, 군사재판에 회부되기도 합니다. 우여곡절 끝에 도스는 총을 들고 전쟁에 나가지 못하지만, 위생병으로 전쟁에 참여할 수 있다는 결정을 받게 됩니다.

같이 전쟁에 나가는 군인들은 총 들기를 거부하는 도스를 이해하지 못했습니다. 서로를 엄호해 주고 지켜 주어야 하는 의무도 할 수 없는 사람과 전쟁에 함께할 수 없다고 여겨 그를 따돌리고 때론 몰매를 주며 집으로 돌아가라 합니다.

그러나 전우들의 불신 속에서도 도스는 꿋꿋하게 위생병으로 구급상자를 들고 뛰어다닙니다. 드디어 그 치열했던 핵소 고지 전투에서 그의 활약은 두드러지기 시작합니다. 언덕 위에서 이미 참패를 당한 상황에서 그는 부상당한 전우들을 찾아다니며 치료할 뿐만 아니라, 공포 속에 있는 그들을 위로하고 구출해 내기 시작합니다. 적의 총알을 피해 다니며, 부상당한 전우들을 절벽 끝으로 업어 나르고 밧줄에 매 절벽 아래로 내립니다. 자기의 생명도 보장할 수 없는 상황에서 그는 후퇴하는 대신 "한 사람만 더 살리도록 도와주세요"라고 기도하며 폭탄의 화염 속으로 다시 들어갑니다.

그는 마지막까지 포기하지 않고 이렇게 하기를 거듭하여 47명의 부상당한 전우들을 살려 냅니다. 총을 들지 않았다는 이유로 도스와 함께 전장에 나갈 수 없다고 주장한 이들의 마음이 숙연해지는 순간이었습니다. 밧줄에 부상당한 전우들을 매어 절벽 아래로 내리며, 도스는 손에 피가 나도록 그 밧줄을 붙들었습니다. 그 밧줄에 전우의 생명이 달려 있었기 때문입니다. 이렇게 그는 총 한방 쏘지 않고, 미 의회가 주는 최고의 명예 훈장(Medal of Honor)을 받았습니다. 전쟁을 총으로 이긴다고 생각하지만, 총으로 이길 수 없는 또 다른 전쟁이 있음을 가르쳐 주는 영화였습니다.

　우리는 이런 생명의 밧줄을 서로를 위해 붙들어야 하는 책임이 있습니다. 한 교회를 다녀 공동체로 묶였다는 것이 이런 의미라고 할 수 있습니다. 사도 바울이 로마서 마지막 장에 일일이 언급하고 있는 35명의 사람들이 그 생명의 밧줄을 서로 붙들어 주고 있었던 친구들이었습니다.

　문득 제가 붙들고 있는 친구는 누군지 절벽 아래로 한참 살피고 있는데, 제 뒤에서 주님께서 손에 피가 나도록 제 밧줄을 붙들고 계셨네요.

하나님 말씀은
우리의 주름을 다림질합니다

세월 앞에 장사 없다고 저도 귀밑에 내린 서리를 가리기 위해서 염색을 합니다. 옛날에는 별 의미 없던 "하나도 안 변했어요"라는 인사가 지금은 귀에 쏙쏙 들어옵니다. 지금도 제 마음은 패기만만한 '젊은 목사'인데, 새로 베델에 들어오시는 동역자들을 보면 제가 더 이상 '젊은 목사'는 아닌 것이 분명합니다.

목사가 대외적인 모임에서 어떤 순서를 맡느냐에 따라 나이를 측정할 수 있습니다. 젊었을 때는 성경 봉독을 맡습니다. 조금 관록이 붙으면 기도를 맡고, 전성기에는 설교를 부탁받습니다. 은퇴 즈음에는 축사나 권면을 부탁받고, 그러다가 축도를 맡기 시작하면, 무덤이 가깝다는 말이 있습니다.

젊었을 때 이소룡을 좋아해서 방에 카리스마 넘치는 모습이 담긴 〈용쟁호투〉 포스터를 붙여 놓은 적이 있습니다. 또 파란 눈의 알랭 드롱이 너무 멋져 포스터를 보며 '왜 나는 동양인으로 태어났나?'라며 비애에 잠긴 적도 있었습니다. 미국에 와서는 농구를 너무 좋아해서 필라델피아의 닥터 제이 그리고 농구 황제 마이클 조던 등 운동선수들의 포스터를 벽에 걸어 놓곤 했습니다. 지금은 벽에 거는 것이 귀찮아 차고에 액자들을 쌓아 놓고 있습니다. 아이들과 찍은 사진이 거실에 걸려 있지만 지금의 제 모습과 거리감이 느껴져 일부러 들여다보지 않습니다.

늘어 가는 얼굴의 주름, 반면에 줄어 가는 머리숱을 생각하면 거울 보기가 무섭지만 오히려 거울 앞에서 더 많은 시간을 보내게 됩니다. 몸의 변화는 기정사실입니다. 육신의 나이도 막을 수 없지만, 신앙 안에서 거듭나 연륜이 쌓여 가는 변화도 막을 수 없습니다. 그러나 신앙인의 변화는 날마다 새로워지는 변화라고 성경은 말합니다. 은혜를 받으면 얼굴이 변한다고 합니다. 무서운 얼굴이 착한 얼굴이 됩니다. 무표정한 얼굴에 미소의 선이 그려지기 시작합니다. 주름이 아니라 예술적인 선이 그려지는 것이지요.

은혜 받기 전에는 얼굴이 금강석같이 반들반들합니다. 아니, 뺀질뺀질이 맞는 표현 같습니다. 그러나 은혜를 받으면 얼굴에서 빛이 납니다. 뺀질이가 반짝이가 되는 것입니다. 죄의 얼룩이 남아 있는 뺀질이의 주름을 펴 주는 은혜의 보톡스가 회개의 눈물과 감사의 눈물입니다. 예배할 때 눈물이 있으면 죄를 씻는 은혜로 계속 반짝일 수 있습니다. 그러나 어느 날부터 말라 버린 눈물과 길어진 얼굴에는 번들거리는 교만만 남습니다. 하나님의 말씀은 오늘도 우리의 주름을 다림질합니다. 오늘은 비록 염색을 했지만 나중에는 반짝이는 은혜를 받고 흰 머리카락을 드러내며 씩씩하게 축도하러 가는 날이 있을 것을 믿습니다.

아빠, 바빠, 나빠

성도님들이 저에게 제일 많이 하시는 말이 "목사님, 바쁘시죠?"입니다. 언제부터 '목사=바쁜 사람'이 되어 버렸을까요? 아니면 한가한 목사는 놀고먹는 목사라고 생각하는 고정관념 때문일까요? 저도 바쁜 것은 사실입니다. 몸이 두 개였으면 하는 생각을 하는 걸 보면 바쁜 것이 분명합니다. 그러나 중요한 것은 무엇 때문에 바쁜가입니다.

종교개혁가 마틴 루터도 몹시 바쁜 사람이었습니다. 그래서 "나는 너무 바빠서 하루에 세 시간 이상 기도하지 않을 수 없다"고 했습니다. 활동적인 시간을 위해서 정적인 기도의 시간을 늘려야 한다는 그의 말은 우리가 왜 바빠야 하는지에 대해 일침을 가하는 교훈입니다. 바쁘면 우리의 스케줄에 있는 일들이 우선순위에 따라 줄을 서게 됩니다. 제일 먼저 할 일부터 미뤄도 될 일까지 일렬종대로 늘어섭니다. 우리는 바쁘면 기도 시간을 우선순위에서 뒤로 밀어 두는데, 마틴 루터는 바쁠수록 기도를 최우선순위에 두라고 합니다. 이는 바쁠수록 일을 급한 순서대로 하지 말고, 중요한 일부터 하라는 교훈입니다.

바쁘면 자녀들과의 대화가 뒤로 밀려납니다. 예배 시간도 생략합니다. 하나님과의 교제 시간, 기도 시간도 건너뜁니다. 내 영혼의 비타민 같은 독서 시간도 사라지고, 몸의 건강을 위해 투자하는 운동도 못합니다. 결국, 바쁜 스케줄은 몸과 영혼을 병들게 만드는 원인이 되고 맙니다. "아빠, 바빠, 나빠"라는 아이들의 말처럼 우리가 바쁜 이유가 무엇인지 돌아보아야 할 때인 듯합니다.

C.S. 루이스는 그의 책《스크루테이프의 편지》에서 마귀가 성도를 유혹하는 방법을 그의 조카에게 전수하는 31통의 편지에 풍자적으로 담고 있습니다. 그중 하나가 성도들을 정신없이 바쁘게 만드는 것입니다. 그렇게 해서 정말 해야 할 중요한 일, 예배, 기도, 패밀리 타임, 독서 등을 하지 못하게 하는 것이 마귀의 전략입니다. 요즘 많이 바쁩니까? 정신없이 바쁘다고요? 혹시 마귀의 전략에 말려든 것은 아닌지요?

너무 바빠서 성경 읽을 겨를도 없고, 기도할 겨를도 없고, 어려움 당한 친구 집을 방문해 위로할 겨를도 없고, 자녀들과 대화할 겨를도 없고, 조용히 마음을 모아 하나님께 예배드릴 겨를도 없고, 영적 성장을 위해 배우고 훈련받을 겨를도 없고, 부모님을 찾아 뵐 겨를도 없고, 저녁 식사 후 배우자와 함께 동네 한 바퀴 산책할 겨를도 없고, 남들 다 봤다는 화제의 영화 한 편 볼 겨를도 없고, 병원에 입원한 조카 찾아가 손 붙잡고 기도해 줄 겨를도 없다면 무엇을 위해 바쁩니까?

3부. 허물은 덮고 사랑만 남긴다

쉰다섯의 중년도
아버지가 보고 싶습니다

제 침대 맡에는 조나단 에드워즈의 《신앙과 정서》가 놓여 있습니다. 자기 전에 묵상할 수 있는 구절이 많아서 매일 읽고 잠을 청하곤 했습니다. 그의 설교를 하루 한 편씩 읽으면서 가슴에 부흥을 불태운 적도 있었습니다. 특별히 그의 명 설교 "진노하시는 하나님의 손아귀에 붙들린 죄인들"은 뉴잉글랜드의 대각성(The Great Awakening)을 일으킨 메시지였습니다. 여러 차례 읽으면서 토씨도 한 자 안 바꾸고 대독 수준으로 설교하고픈 충동까지 느낀 적이 있습니다. 지금 저의 많은 영적 감흥도 그의 영향이 크다고 감히 말씀드립니다.

언젠가 교회에서 동부 견학을 가면서 조나단 에드워즈가 목회하던 교회를 방문했습니다. 스무 번도 넘게 방문했으면서 그가 쉰다섯의 나이로 소천했다는 것을 새삼 확인하게 되었습니다. 쉰다섯은 지금의 제 나이입니다. 마침 그때가 아버지가 돌아가신 후 1주기가 지난 주간이어서 잠시 필라델피아의 아버지 묘지에

136

다녀온 직후였는데, 여든세 살에 돌아가신 아버지와 쉰다섯 살에 소천한 조나단 에드워즈를 한자리에서 만나는 묘한 기분이 들었습니다.

아버지 묘 앞에서 아버지가 즐겨 부르시던 찬송을 부르는데, 목이 메어 부를 수 없었습니다. "목회 잘하고 있냐?"고 묻는 아버지의 음성이 들리는 것 같아서, 아버지의 기도 소리가 그리워 울었습니다. 조나단 에드워즈를 통해서 하나님이 일하신 역사가 얼마나 큰지 셀 수가 없는데, 너는 쉰다섯이 될 때까지 뭐 하고 있느냐고 묻는 것 같아서 회개할 수밖에 없었습니다.

조나단 에드워즈가 설교한 강대상에 올라가 설교 흉내도 내 보고, 그의 동상 앞에 서서 올려다보며 기도도 하면서 다시 한 번 나의 죽음을 준비하며 허락하신 나날들에 최선을 다해야겠다는 각오의 칼날을 세워 봅니다. 저는 이번 동부 견학을 통해 조나단 에드워즈와 D.L. 무디 같은 분의 숨 쉬는 역사를 만나고 왔을 뿐만 아니라, 개인적으로는 아버지의 묘지 방문과 아울러 저의 첫 목회지를 방문하였습니다. '죽으면 죽으리라'고 달렸던 사역의 현장들과 목숨처럼 아끼며 사랑했던 성도들도 만나면서 누르고 눌렀던 눈물이 왈칵 쏟아져 주체할 수 없었습니다. 제가 늘 기도하던 자리에도 앉아 보고, 제자훈련하며 기도와 눈물을 함께 나누었던 성도들을 보는데, 그냥 허무하게 보낸 세월은 아니었음을 확인하였습니다. 앞으로도 주님과 더불어 계속 최선을 다해 달려가는 사역이 되기를 기도합니다.

목욕탕에서 등 밀다 보니
허물도 벗겨집니다

몽골 사역을 마치고 돌아오는 길에 한국에서 팀원들이 목욕을 하기 위해 공항을 빠져나왔습니다. 몽골 사역 내내 씻지 못했기 때문에 목욕탕 행은 무언의 동의가 이루어진 듯했습니다. 난생 처음으로 교인들과 벌거벗고 목욕을 하게 되는 이 기회를 어떻게 감당할지 난감했지만, 씻고 싶은 욕망에 할 수 없이 따라갔습니다.

팀원들은 목욕탕에 들어서자마자 훌러덩 옷을 벗어젖히고 씻기 시작했습니다. 저 역시 주섬주섬 옷을 벗고 샤워를 시작했습니다. 이때 같이 간 팀원 한 분이 "목사님, 등 밀어 드릴게요" 하면서 제 타월을 빼앗아 등을 닦는 것이었습니다.

속으로 얼마나 놀랐는지 표정 관리하느라 혼났는데, 이게 웬일입니까? 갑자기 마음이 훈훈해지기 시작하는 것이었습니다. 한편 스스럼없이 저에게 다가와 준 집사님이 참 고맙고 기뻤습니다. 그래서 저도 순서를 바꾸어 그분의 등을 밀어 드리겠다고 했습니다. 혹 사양하시면 어떡하나 했는데, 성큼 "네" 하시며 등을 돌려 대셨습니다. 타월에 비누칠을 해서 등을 박박 밀어 드리고 옆구리까지 신나게 닦아 드렸습니다.

제가 어렸을 때, 아버지와 목욕하러 가서 등을 밀어 드렸던 기억이 어렴풋이 나면서, 잊고 살았던 옛정들이 되살아나는 듯했습니다. 샤워 후, 탕 안에 우리 팀원들이 한 둘씩 들어와 둘러앉았습니다. 누가 먼저라고 할 것 없이 얼굴에 환한 미소를 머금고 나누는 대화는 천상의 대화 같았습니다. 아마 탕 안에서 소리가 울려서 더욱 그랬을 것입니다. 칸막이가 없고, 격의 없이 서로 속을 다 내보이며 나누는 대화였습니다. 그렇게 편하고 좋을 수가 없었습니다.

목욕을 마치고 나가려는데, 짐을 다 부쳐 버려 갈아입을 옷이 없는 저에게, 미리 준비한 새 속옷을 건네시던 팀장님의 센스는 만점짜리였습니다. 목욕 후 팀원들이 행복해하는 모습에 대해서는 더 언급할 필요가 없습니다. 단순히 때를 벗긴 것뿐만 아니라 허울과 겉치장도 훌훌 벗어 버렸기 때문입니다.

앞으로 선교훈련 과정에 같이 목욕탕 가서 '등 밀어 주기'도 정식 과정으로 넣으면 좋을 것 같다는 생각을 해봅니다. "목사님", "장로님" 부르며 체면을 차려야 하는 형식에 익숙한 우리가 그 빗장을 열고 마음의 문을 여는 삶의 훈련을 목욕탕에서 배운 듯합니다.

우리 예배의 자리가 거룩한 목욕탕이 되어 죄악의 허물을 벗고 주께 달려 나가는 시간이 되면 좋겠습니다. 갑자기 찬송가가 생각납니다. "죄악 벗은 우리 영혼은 기뻐 뛰며 주를 보겠네."

같이하는 것이
교회입니다

요즘 유행하는 것이 '혼자 문화'입니다. 혼밥(식당에서 혼자 밥 먹기), 혼술(술집에서 혼자 술 마시기), 혼영(혼자 영화 보기), 혼놀(혼자 놀기), 혼창(혼자 노래 부르기), 혼메(미용실 가지 않고 혼자 메이크업하기), 혼캠(혼자 캠핑 가기) 등 혼자 하는 문화의 미학을 운운하는 글도 읽어 보았습니다. 그리고 이런 '혼자 문화'는 휴대전화의 대중화와 무관하지 않다고 생각합니다.

이제는 가족 수대로 휴대전화를 사용하는 시대가 되면서 식탁에 둘러앉아도 대화는 없어지고, 각자 메시지를 주고받고 SNS에 빠져 사는 현상이 비일비재합니다. 한국에서 지하철을 타고 일종의 문화 충격을 받은 적이 있습니다. 지하철 안에 있던 사람들이 누구 하나 빠짐없이 휴대전화를 들여다보고 있었던 것입니다. 저도 휴대전화를 안 보면 이상한 사람이 되는 것 같아서 보는 척이라도 해야 할 것 같은 강박관념도 생겼습니다.

휴대전화와 함께라면 혼밥이 더 자유로운 시대가 됐습니다.

식당도 아예 혼자 식사하기 편하도록 도서관 칸막이책상 같은 일인용 식탁을 만들어 두었습니다. 요즘은 그것이 문화라고 합니다. 이제 이런 문화가 교회로 들어오면 혼예(혼자서 인터넷으로 드리는 예배) 하는 사람들이 점점 많아질지 모릅니다. 이미 한국에서는 사람들이 모이면 있을 수밖에 없는 조직체의 부조리에 마음이 상한 소위 '가나안' 성도들이 자기들의 입맛에 따라 인터넷으로 예배를 드리는 사이버공간의 성도들로 자리매김을 하고 있습니다.

많은 사회학자들이 우려하듯이 '혼자 문화'는 점차 사회를 해체하는 해를 끼칠 것이 자명합니다. 제일 먼저 가족 문화를 깨버리고, 가족관계를 오히려 귀찮고 골치 아픈 것으로 생각하게 합니다. 마찬가지로 혼자 문화는 교회를 해체시키는 반기독교적 문화로 교회에 해가 될 수 있다고 생각합니다. 인터넷 예배는 어디까지나 보충과 나눔의 의미로 존재해야지 교회라는 공동체를 대체할 수 없다고 생각합니다.

도종환의 산문집《사람은 누구나 꽃이다》에는 방과 후 곧장 집으로 가지 말고 길가에 핀 꽃들에게 손도 흔들어 주고, 나무도 한 번씩 안아 주고 가라는 이야기가 나옵니다. 우리 인간은 너무 외롭게 살고 있다고 말하면서 나무든 사람이든 먼저 안아 주면 그도 나를 따뜻하게 안아줄 것이라 말합니다. 길가에 핀 꽃들에게도 손 흔들어 주고, 외로운 나무도 안아 줄 수 있는 인간미가 점점 아쉬워집니다.

'혼자'보다 '같이'를 더 소중하게 지켜야 할 때인 것 같습니다. 같이하는 것이 가족입니다. 같이하는 것이 교회입니다. '같이'가 하나님이 만드신 공동체 가족과 교회의 '가치'입니다. 혼자 하는 것은 혼큐(혼자서 큐티하기), 혼독(혼자서 독서하기)만 하기로 하고, 그 외에는 다 같이 하면 어떨까요?

세상이 변한 것 같지만
내가 변한 겁니다

사도 바울은 고린도에서 1년 반을 머물며 로마서를 썼습니다. 그곳에서 바울이 성도들과 나누었을 사랑은 충분히 짐작하고도 남습니다. 바울이 직접 개척했던 교회라 고린도 성도들에게 보낸 편지 속에 소위 '사랑장'이라고 부르는 고린도전서 13장 같은 내용은 더욱 가슴 절절하게 느껴지는지 모르겠습니다.

사랑은 메타포에서 시작된다는 말이 있습니다. 약간 오글거리긴 하지만 2004년도 드라마 〈파리의 연인〉에서 이동건이 김정은 앞에서 자기 가슴을 톡톡 치며 "이 안에 너 있다"고 고백한 것은 지금까지도 많은 사람의 기억에 남아 있습니다. 이서진이 〈다모〉에서 "아프냐? 나도 아프다"라고 했던 대사부터 〈태양의 후예〉에서 송중기가 송혜교에게 키스를 한 후 "사과할까요, 고백할까요?"라고 한 대사까지, 우리는 사랑의 고백들 앞에서 울고 감동하고 꿈을 꿉니다. 그런 사랑이 찾아오는 날을 기다리며 삶에 소망을 갖게 되는 것입니다.

아직 오지 않은 것을 기다리는 것만으로도 충분히 힘과 에너지를 얻는 것이 사랑의 신비입니다. 어렸을 때 산타클로스를 믿었다가, 머리가 큰 후에는 믿지 않다가, 성숙한 후에는 어느 날 갑자기 자신이 산타클로스가 되어 있는 것을 발견하는 것이 사랑입니다. 드라마 속의 사랑을 믿었다가, 현실적으로 불가능하다고 믿지 않다가, 어느 날 훅하고 찾아온 사랑의 주인공이 되어 있는 자신을 발견하는 것입니다. 자기와 전혀 상관없던 유치한 유행가 가사들이 전부 자기 얘기를 노래하는 것 같으면 사랑이 가까이 온 것입니다. "당신 없는 세상은 온통 당신뿐이고, 당신만 내 옆에 있으면 온 세상은 사라집니다" 같은 시에도 눈물이 글썽거린다면 사랑한다는 증거입니다.

이처럼 사랑이 오면 세상이 변합니다. 늘 출근하는 길에 피어 있는 들꽃도, 푸른 하늘에 떠 있는 하얀 구름까지도 이전에 보던 것이 아닙니다. 몽땅 다 변한 것입니다. 그런데 사실은 세상이 변한 것이 아니고 세상을 보는 내 눈이 변한 것입니다. 내 눈에 사랑이라고 부르는 렌즈를 끼고 세상을 본 것입니다. "이 안에 너 있다" 하며 나에게 찾아오신 예수님, 그 예수님의 렌즈로 이 세상을 볼 수 있는 기회가 있기를 바랍니다.

오늘을 이기는 비결이
마지막을 이기는 비결입니다

예배를 마치고 새 교우와 인사하고 나왔더니, 한 성도님이 지나가면서 "목사님, 벌써 2대 0이에요" 하며 울상을 지었습니다. 월드컵 축구 경기 이야기였습니다. 아뿔싸, 전반전이 시작된 지 얼마 되지도 않았을 텐데, 어찌된 일인가 궁금해하며 TV 중계로 후반전을 지켜보았습니다. 정말 아쉬운 경기였습니다. 우리 태극 전사들이 최선을 다했던 것은 의심할 바 없었지만, 체력과 기량이 못 미치는 것을 확연히 느낄 수 있었습니다.

이영표 해설위원이 한 말이 기억에 남습니다. "월드컵은 경험하는 자리가 아니라 그동안 쌓은 실력을 증명하는 자리가 되어야 한다"고 한 말입니다. 이 말을 들으면서 축구 선수들에게 월드컵은 마치 성도들이 맞이할 마지막 심판과 같다는 생각을 했습니다.

우리는 누구나 마지막 심판대 앞에 서게 될 것입니다. 그곳은 우리에게 '경험하는 자리가 아니라 증명해야 하는 자리'입니다. 끝까지 싸워 이겨 마지막 승리의 트로피를 들어 올리듯이, 면류관을 받아 쓰는 날입니다. 마지막 순간은 후회해도 소용이 없습니다. 월드컵이야 4년에 한 번 다시 기회가 돌아오지만, 마지막 때는 일생에 딱 한 번 오는 자리인 만큼 경험 운운해서는 안 된다는 것입니다.

매일 믿음의 싸움을 싸워 이겨야 얻어지는 승리가 마지막 승리입니다. 경기 한 달 전에 모여 벼락치기 훈련한다고 해서 월드컵에서 우승하는 것이 아닌 것처럼 말입니다. 성도의 최후 승리는 벼락치기 식의 신앙생활로는 얻을 수 없습니다. 부부 갈등, 자녀 교육, 직장 동료들이나 손님을 대하는 태도에서부터 믿음의 승리를 얻는 실력을 쌓아야 마지막 싸움에도 이길 수 있습니다. 오늘을 이기는 비결이 마지막에도 이기는 동일한 비결입니다. 오늘도 말씀에 귀 기울이며 승리의 하루를 살아갑시다.

4부

십자가를 지는 삶만

남는다

죄를 이기는 힘은
사랑입니다

복음의 최고봉에서 예수님이 온몸으로 우리에게 하신 말씀은 "이제 그리스도 예수 안에 있는 자에게는 결코 정죄함이 없나니"(롬 8:1)입니다. 그런데 많은 사람이 이 말씀을 빌미 삼아 더 뻔뻔하게 죄를 짓습니다. 내 죄를 합리화하며 책임을 회피하고자 합니다. 그러나 이것은 정말이지 큰 오해이며 복음 자체를 이해하지 못한 소치입니다.

더 이상 정죄함이 없음을 세상에 천명한 그리스도인은 죄를 더 엄격하고, 더 심각하게 다루어야 합니다. 그래서 죄 지은 후 믿지 않는 사람보다 수백 배 더 죄를 아파하며 통한의 회개를 해야 합니다. 복음을 믿고 나의 죄 때문에 예수님이 십자가 지신 것을 믿는다면 당연히 나타나야 하는 모습입니다.

그리스도인도 죄를 짓고, 아닌 사람도 죄를 짓습니다. 믿지 않는 사람에게 죄가 법규를 위반하는 것이라면, 그리스도인의 죄는 사랑하는 사람에게 깊은 상처를 주는 것입니다. 믿지 않는 사람에게 죄는 코드 위반이며 경찰관에게 어쩌다 들킨 것이라면, 믿는 자의 죄는 배우자의 마음을 배신한 죄, 이웃을 사랑하지 않은 죄, 눈에 넣어도 아프지 않은 자녀들의 마음에 못질한 죄라고 할 수 있습니다.

만일 교통법규를 어겨 벌금을 내는 대신 내가 가장 사랑하는 사람을 추운 감옥에 일주일 보낸다면 교통법규를 지키는 자세가 달라질 것입니다. 벌금이 무서워 교통법규를 지키는 것과 사랑하는 이를 지키기 위해서 법을 지키는 것은 차원이 다릅니다.

이처럼 죄를 대하는 그리스도인의 각오는 나를 위해 생명을 주신 주님을 배신할 수 없다는 다짐이어야 합니다. 두려움이나 공포를 뛰어넘는 사랑의 수준이어야 합니다. 더 이상 정죄함이 없으니 협박이나 두려움이 아닌 인격적인 사랑의 관계에서 다루어야 합니다. 형벌을 무겁게 해서 겁을 더 주면 죄의 유혹을 이기는 데 어느 정도는 도움이 되겠지만, 그리스도인들에게 죄를 이길 수 있는 더 큰 힘은 '내가 주님을 배신할 수 없다'는 사랑입니다. 이것이 정죄함이 없고 죄와 사망의 법에서 해방된 그리스도인들이 죄의 행실을 죽이는 방법입니다.

죽었어야 했는데
십자가로 엇갈렸습니다

자녀에 대한 기대가 없는 부모는 없을 것입니다. 어릴 적부터 아이들의 역량을 키워 주기 위한 어머니들의 치맛바람으로 학교는 항상 태풍 주의보였고, 학교 수업으로 부족하여 방과 후에는 다시 학원으로 향하는 자녀들의 진풍경은 여전히 계속됩니다.

우리 집에도 공부를 끝내고 직장을 다니는 자녀가 둘, 아직 공부하는 자녀가 둘 있습니다. 일주일에 한 번 피아노 레슨, 혹은 태권도 배우러 잠시 보낸 적은 있어도 매일 방과 후 공부시키느라 쫓아다녀 본 적은 없는 것 같습니다. 그래도 아이들을 키우면서 갖는 기대는 때론 감사로, 더 많은 경우는 실망 내지는 체념으로 다가올 때가 많았습니다.

쓰레기 수거하는 날, 잔소리 안 해도 아침 일찍 밖으로 쓰레기를 내놓는 아들을 볼 때는 "오늘은 해가 서쪽에서 떴나?"라고 말은 하지만, 얼마나 기분이 좋은지 모릅니다. 또 저녁 식사 후 엄마가 좀 피곤해 보이면 알아서 설거지를 척척 하는 딸이 얼마나 기특한지 모릅니다.

　얼마 전 휴가 때 동부에 다녀온 아들이, 난생 처음으로 아빠에게 선물을 하나 사 왔습니다. 처음 있는 일이라 저는 아들이 사고 친 줄 알았습니다. 걱정은 잠시, 아빠를 위한 순수한 선물이었음을 알고 나니 세상을 다 얻은 듯 뿌듯했습니다. 문제는 엄마 선물은 없었다는 것이지만, 그래도 이제 시작이라고 서로를 위로하며, 아빠 선물을 보며 대리 만족을 해야 했습니다.

　성경에 보면 147세의 할아버지 야곱이 자기 손자들을 축복하는 장면이 나옵니다. 그때 할아버지가 손을 바꾸어서 차남에게 오른쪽 손을, 장남에게 왼쪽 손을 얹어 엇갈린 축복을 합니다. 아들 요셉이 바뀌었다고 말리지만, 야곱은 엇갈린 손을 바꾸지 않고 축복기도를 합니다. 아들의 선물을 받아 들고, 그 '엇갈림'에 대한 생각이 스쳤습니다. 자녀들에겐 늘 기대가 엇갈리는 놀라움이 있다는 것입니다. 자녀는 투자한 만큼 내놓는 자판기가 아닙니다. 복권 당첨된 것처럼 세상 부러운 것 없는 축복으로 부모를 놀라게 하는 '엇갈림'의 주인공이 바로 자녀입니다.

　예수 그리스도께서 그 엇갈림의 길에서 우리 대신 저주를 받으시고, 우리는 기대에서 완전히 어긋난 축복을 받아 오늘도 이 자리에서 예배하는 자가 되었습니다. 예수님과 나는 나란한 두 직선이어야 했습니다. 예외도 없고, 원리 원칙대로 인과응보의 심판을 받아야 하는 직선이었습니다. 그런데 십자가에서 두 직선이 엇갈립니다. 주님이 십자가에서 달려 돌아가시던 날, 지진과 함께 꺾인 두 직선이 엇갈린(crossed) 날이었습니다. 그날 이후 우리는 엇갈린 축복의 주인공들이 되었습니다.

영적 내시경을
정기적으로 해야 삽니다

작년에 대장내시경 검사를 한 적이 있습니다. 폴립(polyp)도 몇 개 떼어냈다고 하는데, 수면내시경을 해서 한숨 자고 일어났더니 다 끝나 있었습니다. 정작 힘든 것은 하루 전날 속을 비우는 것이었습니다. 맛없는 액체를 일정 시간 안에 마시고 잠잘 틈도 없이 계속해서 화장실을 들락거리면서 속을 완전히 비워야 했습니다. 마시는 것도 고역이고 빈번히 화장실을 가는 것도 보통 성가신 일이 아니었습니다.

그러나 막상 속이 텅 비고 나니 몸이 가볍고 기분이 얼마나 좋던지요. 속에 가득한 것들을 비우는 작업을 통해서 몸이 가벼워지고 정신이 맑아지는 체험을 할 수 있었습니다. 더부룩하던 것이 없어지고 가벼워진 배 때문에 뛰기도 한결 수월했습니다. 별 문제 없다고 진단받고 빈속을 채우기 위해 식사를 하는데 평소보다 맛도 좋았습니다.

영적으로도 건강검진을 할 수 있으면, 영적 내시경 검사를 위한 속 비우기를 해봤으면 좋겠다는 생각이 듭니다. 내 안에 영적으로 시야를 가리는 우상이 가득 차 있으면 이것을 비우는 작업이 만만치 않을 것입니다. 우리는 일단 비우고 싶어 하지 않습니다. 비우는 작업이 어려운 정도가 아니라 거의 죽음을 경험하는 것과 같기 때문입니다. 하나님과의 교통이 끊어진 상태에서 누렸던 달콤한 우상들이 우리를 그냥 놔주지 않습니다. 가끔 몰려오는 신앙 양심의 가책과 죄책감도 오래가지를 않습니다. 우상의 마취 주사 한방에 수면 상태로 빠지기 일쑤입니다.

이런 일이 한두 번 반복되면 신앙 양심도 무뎌지게 됩니다. 그래서 영적 내시경을 정기적으로 해야 할 필요가 있습니다. 일단 속을 비우기 위해서 금식하고 약을 먹듯이, 하던 일을 멈추고 신약/구약을 먹을 필요가 있습니다. 본래 말씀이 꿀과 송이꿀보다 더 달지만, 속에 가득한 죄를 비우기 위해서 먹는 말씀은 마시기 힘든 식감의 액체처럼 괴로울 수 있습니다.

그러나 얼굴에 오만가지 인상을 쓰게 되더라도 "아멘, 아멘" 하며 꿀꺽꿀꺽 먹으면 파워 워시를 하듯이 기도가 터지고 속이 비워지기 시작하는데, 이것을 회개라 부릅니다. 그냥 남의 어깨를 툭 치고 "익스큐즈 미!" 하는 것이 회개가 아닙니다. 몸부림치면서 죽을힘을 다해 막혔던 기도의 호흡을 뚫고 속을 비워 내는 작업이 회개입니다. 하나님과의 관계를 소홀하게 했던 원인을 비우는 것입니다. 기도의 열기를 막히게 했던 원인을 비우는 것입니다. 하나님 앞에 나아가 예배하는 감격과 기쁨을 막는 모든 장

애물을 비우는 것입니다. 이 회개가 열리면 영적 컨디션을 되찾을 수 있습니다.

4부. 십자가를 지는 삶만 남는다

공갈 젖꼭지 같은 설교로는
굶어 죽습니다

아무리 생각해도 누가 발명해 낸 건지 공갈 젖꼭지는 아이를 키우는 엄마들에겐 획기적인 물건입니다. 아이를 넷이나 키운 우리도 공갈 젖꼭지 덕을 참 많이 보았습니다. 보채고 우는 아이 입에 공갈 젖꼭지를 물려 주면 이내 울음을 멈추고 얌전해지는 것을 보면 참 신기합니다.

한번은 아기가 있는 가족과 식당에서 식사할 때였습니다. 아기에게는 공갈 젖꼭지를 물리고, 어른들은 우아하게 대화하며 식사를 즐겼습니다. 다행히 어른들이 식사하는 동안 잘 버텨 주던 아기는 우리가 후식을 먹는 순간, 더 이상 참지 못하고 보채기 시작했습니다. 보채는 아기를 엄마가 데리고 나가 젖을 먹이고 돌아오는 것을 보면서 문득 이런 생각이 들었습니다.

저는 제 설교가 모유 같기를 원하지만, 한편 공갈 젖꼭지를 성도들의 입에 물려 주는 정도가 아닌가 하는 생각입니다. 공갈 젖꼭지는 말 그대로 공갈입니다. 진짜가 아닙니다. 진짜인 척 속이는 임시방편입니다. 울고 보채는 아이를 잠시 조용하게 하려고 혹은 잠재우기 위해 젖을 먹이는 양 착각하게 하는 진정제입니다. 그러니 아기가 열심히 공갈 젖꼭지를 빤다고 실제로는 배가 부른 것이 아닙니다. 당연히 엄마의 젖으로 필요한 영양분을 섭취해야만 건강하게 자랄 수 있습니다.

성도들이 말씀의 은혜를 받은 것 같아도 예배 때 잠시뿐이고, 곧 옛 모습으로 돌아가 보채는 아이들처럼 배고프다고 계속 울어대는 것은, 예배를 통해 말씀의 신령한 젖을 먹은 것이 아니라 목사가 사이비 교주가 되어 공갈치는 공갈 젖꼭지만 빨아서 일어나는 현상이 아닌가 하는 반성을 하게 됩니다.

오늘 강단에서 외치는 설교는 강의도 아니고 웅변도 아닙니다. 지루할 수도 있고 졸릴 수도 있지만 그래도 이게 아니면 우리 영혼은 굶어 죽을 수밖에 없는 신령한 젖이 나오는 곳입니다. 제가 목사로서 설교를 잘하고 싶은 욕심이 하나 있다면 '모유 같은 설교'를 통해 말씀을 듣는 성도들이 영적으로 살아나는 것입니다.

모유를 먹으며 아이가 건강하게 자라듯, 말씀 속에 성도들이 더욱 성숙하게 자라 가야 합니다. 강단에서 외치는 설교에 귀와 눈을 닫는 분들이 있다면 영적 건강의 적신호입니다. 아기가 엄마 젖이 맛없어도 먹어야 살듯, 설교가 써도 먹는 자는 살아납니다. 그러나 귀를 막고 눈을 감는 자들은 죽습니다. 그래서 저는 오늘도 영양가 없는 임시방편의 공갈 젖꼭지 설교보다 성도들이 아프고 괴로워도 그들을 살리는 메시지를 전하렵니다. 말씀에 찔릴 준비가 되셨습니까?

- 갓난아기들 같이 순전하고 신령한 젖을 사모하라 이는 그로 말미암아 너희로 구원에 이르도록 자라게 하려 함이라 **벧전 2:2**

미지근한 것이 싫어
기도합니다

하나님께서 유독 기도를 시키신다는 생각이 들 때가 있습니다. 온 교회 성도들과 함께 통곡 기도회, 다민족 기도회, 특별 새벽기도회 같은 것들을 계획하고 기도하다 보면 더욱 기도의 자리를 소망하게 됩니다. 미지근한 것이 싫어서 더욱 기도에 빠지고 싶습니다.

세상 분위기에 휩쓸리지 않고 한 시간 더 일찍 일어나 한 시간 더 기도로 깨워야겠다는 결심을 해봅니다. 기도의 문을 하루하루 두드려 가면서 문이 시간마다 하나씩 열리기를 기대해 봅니다. 한 걸음 한 걸음 열리는 기도의 문을 통과하면서 하나님께 점점 빠져들기를 기대해 봅니다. 하나님께 빠져든다는 것은 말씀에 빠지는 것이고, 복음에 빠지는 것이고, 제자다운 삶에 빠지는 것입니다. 하나님을 기도 속에서 만나는 것이 그 힘의 근거이며, 복음의 힘이 내 안에 형용할 수 없이 용솟음치게 하는 것이 기도의 힘입니다. 흥청거리는 사회의 분위기를 타지 말고, 내가 지금 있는 자리를 기도의 분위기로 바꿔 가야 합니다.

기도에 빠지면 하나님과 사랑에 빠지는 경험을 합니다. 하나님은 좋으신 분입니다. 우리의 기도 중에 만나 주시며 응답해 주십니다. 다시 소망을 갖게 하시며, 하나님을 향한 기대로 대신 채우실 것입니다. 새벽 공기를 가르며 기도의 자리에 나섭시다. 어떤 어려움과 분열의 영이 훼방을 놓아도 기도하며 무릎으로 나아갑시다.

거짓 관용을
피하십시오

담임 목회를 시작한 지 거의 30년이 되어 갑니다. 주일마다 성경을 연구하고 잘 데워진 말씀으로 달려오면서 수많은 사회적인 도전 앞에 섰지만, 점점 강성해지는 다원화 시대의 도전이 만만치 않습니다. 크리스천 변증가이며 작가인 조쉬 맥도웰은 이미 20여 년 전 21세기 기독교의 가장 큰 위기는 동성 결혼도, 임신 중절도, 마약도 아니며 바로 '관용의 우상'이라고 했습니다.

관용은 기독교인의 아주 중요한 덕목 중 하나입니다. 관용의 원래 의미는 '나하고 의견이 다른 사람에게도 존경심을 표하는 아량'이라고 할 수 있습니다. 내 편이 아니면 모두 원수이고, 나에게 동의하지 않으면 모두 사탄의 사람들로 치부하는 사회에서 기독교인의 관용은 그 어느 때보다 필요합니다.

그러나 요즘 이 관용의 정의가 바뀌었습니다. 내가 옳듯이 다른 의견을 가진 남도 옳을 수 있다고 생각하는 의식 구조를 관용이라 하는 것입니다. 사회가 다원화 되어 가면서 자기 것만 옳다고 주장하는 것이 편협하고 옹졸해 보이는 것입니다. 기독교도 옳고 불교도 옳고 이슬람도 옳으니 무엇을 믿든 신실하게만 믿으면 된다는 것입니다. 그러나 분명한 것은 신실하게 믿는다고 거짓이 진리가 되는 것이 아닙니다.

"내가 곧 길이요 진리요 생명이니 나로 말미암지 않고는 아버지께로 올 자가 없느니라"(요 14:6)는 말씀은 예수 그리스도의 유일성을 피력합니다. 관용을 덕으로 삼는 이 시대에 웬 편협한 주장이냐고 할 수 있습니다. 혹은 신실하게 다른 종교를 믿는 자들에게 그런 혐오스러운 발언을 할 수 있냐고 따질 수 있습니다. 그러나 불이 난 빌딩에 갇힌 사람들이 탈출구를 찾는 상황에서, 소방대원이 이 문으로 나가라고 명할 때, 누가 그 명령은 편협하다고 비판할 것이며, 어떻게 다른 출구를 찾는 사람들을 미워하느냐고 따질 수 있겠습니까?

기독교는 진리의 신앙입니다. 우리는 '존경심'을 가지고 최선을 다해서 이 진리를 모르는 자들에게 전해야 합니다. 불 난 집에서 구원받을 유일한 출구를 소개해야 할 의무가 있습니다.

거짓 관용이 우리 문화를 장악하고 있는 다원화 시대에 동성 결혼이나 임신 중절은 각자의 자유이며, 마약을 하든지 포르노를 즐기든지 당신 선택의 문제라고 생각한다면 그것이 바로 관용의 우상이라고 할 수 있습니다. 이 우상이 우리의 생각을 장악하는 한, 기독교 복음의 핵심인 십자가는 무용지물이 됩니다. 진리를 모르는 자들을 보면서도 복음을 전하려는 열심이 식어

가는 이유가 혹, 거짓 관용이 우리의 생각을 장악하고 있기 때문
은 아닌지 돌아보아야 할 때입니다.

독도가
누구 땅입니까?

제가 베델에서 사역을 시작했을 때, 영상으로 저를 환영해 주셨던 분들이 있습니다. 그분들 중에 다무라 고조 장로님이 제일 인상적이었습니다. 한국말로 저를 환영해 주신 것이 마음에 남았는데, 이렇게 우리 교회 일본인 성도님들과의 인연은 시작되었습니다.

우리 교회는 6년째 일본어 예배를 드리고 있는데, 지금은 30명가량의 일본 성도님이 함께하고 있습니다. 일본인 성도님들은 베델에서 가장 모범적인 분들로 예배와 섬김 봉사에 열심이 있습니다. 처음 이분들이 3부 예배 때 뒤쪽에 앉아 통역을 듣기 위해 이어폰을 끼고 열심히 찬양하고 기도하며 예배에 동참하셨을 때 눈물 나도록 감격스러웠습니다. 또 이시야마 신타로 집사님 가족 네 분이 모두 세례를 받았던 일은 아직도 생생합니다. 정말 하나님의 역사가 아니면 설명할 수 없는 일이 일본인 성도님들에게 일어나고 있습니다.

저에게 일본은 늘 멀고도 가까운 나라였습니다. 한일 관계는 늘 예민했고, 독도 영토 문제를 위시하여 위안부 문제 등 양 나라는 민감할 수밖에 없었습니다. 다른 경기는 몰라도 한일전만큼은 이겨야 한다는 비장함마저 우리에게 있습니다. 그러나 우리 베델에게 일본어 예배는 가슴 가장 가까운 곳에 있는 예배입니다. 일본 성도님들이 우리 식구라는 것이 제가 자랑하는 톱 목록입니다.

정치적으로 늘 한국, 일본, 중국이 앙숙의 관계로 으르렁거리지만, 매 주일 우리 교회는 한국, 일본, 중국이 한 캠퍼스에서 같이 예배를 드립니다. 저는 농담처럼 "정치적으로 풀 수 없는 세 나라의 문제가 있다면 우리 베델에서 푼다"라고 말합니다. 농담처럼 한 말이지만, 하나님은 정말로 베델을 통해서 일어나는 복음의 역사를 통해 인간이 만든 담을 허무는 작업을 하셨습니다.

지금은 은퇴하신 손인식 목사님이 시무하시던 때의 유명한 일화가 있습니다. 한창 한국과 일본이 독도 영토 문제로 들끓고 있을 때였습니다. 일본 총리가 일본 땅이라고 아무리 주장해도 독도는 일단 정치적, 역사적 문제에 앞서 한국인 자존심의 문제이기에 예민하지 않을 수 없는 이슈였습니다. 이때 손 목사님이 다무라 장로님을 단 위로 불러내어 교인들 앞에서 공개적으로 물었다고 합니다.

"다무라 장로님, 독도가 누구 땅입니까?"

온 회중이 얼음처럼 얼어붙는 순간이었습니다. 그런 질문을

하는 손 목사님에게도 놀랐지만, 이러지도 저러지도 못할 난처한
상황에 선 다무라 장로님이 그 많은 한국 사람 앞에서 뭐라 답할
지 모두 긴장된 순간이었습니다. 이때 다무라 장로님은 "독도는
하나님의 땅입니다"라고 답했습니다. 이 응답은 명답 중에 최고
였습니다. 네 것 내 것을 나누는 답이 아니라, 일본과 한국을 하
나로 묶는 답이었습니다. 복음의 응답이었습니다.

교회가 비만 되지 않게
계속 선교 나가십시오

C.S. 루이스의《영광의 무게》서두를 읽으며 받았던 충격은 아직도 생생합니다. 요즘 선량한 사람 스무 명에게 최고의 미덕이 무엇이냐고 묻는다면 열에 아홉은 '비이기심'이라고 답할 것이지만 만약, 과거의 위대한 그리스도인들에게 같은 질문을 던졌다면 대부분 '사랑'이라고 답했을 것이라는 전제하에, 이것은 소극적인 용어가 적극적인 용어를 대체한 현상이라고 분석해 낸 것이었습니다. 이 현상은 단순히 용어의 대체만이 아니라 교회에 일어난 성도들의 가치관 대체가 아니냐는 도전이었습니다.

요즘 성도들에게 교회 생활의 최고 미덕이 무엇이냐고 묻는다면 아마 십중팔구는 '조용히 사는 것'이라고 답할 것 같습니다. 어떤 성도는 교회 안에 고슴도치가 많아서 일만 하면 찔리고 다치니까, 그냥 아무 일도 하지 않고 조용히 지내는 것이 최고라고 말합니다. 그러나 이것은 우리 성도들의 싸움이 혈과 육에 관한 것이라고 착각한 데에 기인합니다. 우리의 싸움은 공중 권세

잡은 자와의 싸움인 영적 전쟁이기 때문입니다.

옛날 복음의 전성기에 살던 성도들에게 교회 생활의 최고 미덕이 무엇이냐고 물었다면 대부분 '복음 증거'라고 대답했을 것 같습니다. '모이면 기도하고, 흩어지면 전도하자'던 구호가 아직도 생생하게 귓가를 때리는데, 어느새 소극적인 용어가 적극적인 용어를 대체하는 현상이 우리 안에 일어나는 것은 아닌지 돌아보게 됩니다. 선교는 그런 의미에서 우리 신앙이 소극적으로 현실 안주에 빠질 수 있는 상황에서 늘 채찍질하는 적극적 용어라고 생각합니다.

그래서 여름 단기선교는 적극적 신앙의 맥박이라 할 수 있습니다. 교회의 성장이 비만이 되지 않기 위해서도 끊임없이 선교의 현장으로 나아가고, 복음이 지역 안에만 머무는 빛이 아니라 더 높은 산 위에서 발하는 빛이 되도록 선교지를 향하여 나아가야 합니다.

지상명령에 순종하고 나아가는 은혜가 임하기 바랍니다. 소극적 안정에 머물지 않고 적극적이고 진취적인 마음으로 주님 오실 때까지 가장 적극적 사랑, '복음 증거' 하는 교회가 되기를 소원합니다.

대상포진 덕에
십자가 은혜가 더 진해집니다

작년에 대상포진을 앓은 적이 있습니다. 덕분에 갑자기 유명세를 치렀습니다. 인터넷 홈페이지에 설교 영상이 올라가지 않으니 웬일인가 묻는 설교 애호가부터, 한국에 계시는 친척들에게까지 기도 부탁이 들어가, 전 세계 방방곡곡에서 부족한 사람을 위해 기도해 주셨습니다.

엄청난 통증을 유발한다는 대상포진은 어릴 적 수두를 앓고 난 후에도 몸 안에 남아 있는 수두 바이러스가 신경을 따라 이동하며 신경절에 잠복해 있다가 면역력이 약해지면 신경을 타고 피부로 올라와 염증을 일으키는 병입니다. 성도님들이 가끔 대상포진에 걸려 주일예배에 결석하는 것을 보면서 통증이 심한 병인 줄은 알았지만 이렇게까지 아픈지는 당하고 나서야 알았습니다. 젊은 사람들에게는 별로 없고 주로 60세 이상의 노인들에게 나타나는 병이라고 설명된 것을 보면서, 나름 건강하다고 생각했는데 아직 60이 안된 나이에 이게 무슨 일인가 싶으면서 건강 상태에 적신호가 켜진 것을 알았습니다. 하나님이 주신 몸을 잘 관리하지 못한 것과 성도들에게 많은 걱정을 끼쳐 드린 것을 회개했습니다.

그래도 이 병으로 얻은 유익이 있다면, 성도들의 기도의 빚을 톡톡히 진 것입니다. 기도의 간절함이 '동정'의 수준에서 '체휼' 수준으로 업그레이드 되었다고 할 수 있습니다. '성도님들이 이렇게 아프셨겠구나'를 뼈아프게 알게 되었으니, 저도 아픈 성도님들을 위해 더 간절히 기도할 수 있게 되었습니다.

저의 대상포진은 옆구리의 통증으로 시작되었습니다. 진통제를 먹으면 통증이 사라지고 약효가 떨어지면 다시 쿡쿡 통증이 오는 것이 일주일 정도 지속되었습니다. 그러다가 진통제도 듣지 않고, 너무 아파 눕지도 못하겠고, 일어서지도 못하겠고, 주체할 수 없는 아픔에 안절부절못하고 신음 소리를 내자, 결국 난생처음 응급실까지 가게 되었습니다. 아직 피부로 드러난 염증은 없었기에 담석을 의심하고 울트라 사운드에, CT에, 엑스레이까지 다 찍었지만 찾던 돌은 없었습니다. 그때 응급실 의사가 와서 했던 말이 인상적이었습니다.

"나는 이 고통의 원인을 찾을 수 없습니다. 의심할 수 있는 모든 것을 생각하고 검사했는데, 당신이 아픈 이유를 지금으로선 알 수 없습니다."

결국 응급실에서 4시간 동안 있으면서 모르핀 주사에, 더 센 진통제 처방만을 받고 귀가 조치 당했습니다. 진통이 가시지 않는 옆구리를 붙들고 집으로 돌아오는 차 안에서 이런 찬송이 떠올랐습니다. "얼마나 아프실까 주님의 몸과 마음, 사람들을 위하여 십자가에 달려 제물 되었을 때…" 주님의 아픔이 상상이 아닌 전율처럼 몸에 다가오는 체휼의 시간이었습니다. 대상포진 때문에 주님 마음까지 헤아려 보는 참 은혜로운 고통의 시간이었습니다.

사막이라야
물 귀한 줄 압니다

"Water is taught by thirst(물은 갈증에게 배운다)."

'교역자 가족 수양회' 기간 중 방문했던 박물관의 한 전시관 벽에 새겨져 있던 글입니다. 캘리포니아의 기근은 심각합니다. 당연히 물에 대한 소중함은 아무리 강조해도 지나치지 않습니다. 싱크대 수도꼭지만 틀면 쏟아지는 물, 샤워기만 틀면 콸콸 머리 위로 떨어지는 물, 뒷마당 꽃밭에 물을 주기 위해 수도꼭지를 틀면 햇빛에 무지개를 그리며 발사되는 물… 사막 지대인 캘리포니아에서 이렇게 물을 아무 때나 마음껏 사용할 수 있다는 것이 얼마나 소중한지 모릅니다.

그런데 물의 소중함은 이렇게 자유롭게 물을 쓸 때가 아니라, 갈증과 가뭄을 통해 배운다고 합니다. 대니 보일 감독의 〈127시간〉(127 Hours)이라는 영화가 생각납니다. 청년 아론이 블루존 캐년을 여행하다가 구덩이 아래로 추락하여 바위틈에 팔이 끼면서 127시간 고립되었다가 살아난 실화를 바탕으로 한 영화입니다. 영화에서는 그가 가지고 있는 물의 양으로 생존 시간을 계산하고, 소변까지 받아 마시는 모습이 나옵니다. 결국 자신의 팔을 스스로 잘라 내면서 탈출에 성공한 아론이 제일 먼저 한 일은, 고여 있는 구정물에 몸을 던져 고개를 처박고 그 물을 벌컥벌컥 마시는 것이었습니다. 처절하기까지 한 그 장면은 '물은 갈증에게 배운다'는 사실의 단적인 모습입니다.

다윗은 시편에서 이렇게 적고 있습니다.

- 하나님이여 주는 나의 하나님이시라 내가 간절히 주를 찾되 물이 없어 마르고 황폐한 땅에서 내 영혼이 주를 갈망하며 내 육체가 주를 앙모하나이다 시 63:1

하나님을 향한 영적 갈증을 이보다 더 잘 표현한 말이 있을까요? 생명수 같은 하나님을 향한 목마름이 우리에게는 있는지요? 우리는 하나님을 향해 얼마나 목말라 봤는지요? 아모스 선지자는 이렇게 선포하였습니다.

- 주 여호와의 말씀이니라 보라 날이 이를지라 내가 기근을 땅에 보내리니 양식이 없어 주림이 아니며 물이 없어 갈함이 아니요 여호와의 말씀을 듣지 못한 기갈이라 암 8:11

오늘도 저는 설교자로 성도 앞에 섭니다. 설교자는 하나님의 말씀을 대언하는 자입니다. 그래서 저는 늘 두렵습니다. 하나님이 직접 하늘 문을 열고 우렁차고 위엄 있게 말씀을 전해 주시면 될 일을 환경과 사람들에게 노출되어 있는 지혜가 부족한 저에게 맡기셨다는 것이 두렵습니다. 127시간이 보여 준 생존을 향한 몸부림이 우리의 시간에 있는지요? 저는 설교자이지만, 또 한 사람의 말씀을 받는 자로 그 몸부림으로 서겠습니다.

"홍수에 마실 물 없다"는 말이 있습니다. 인터넷 시대에 홍수와 같이 들을 수 있는 말씀들이 그야말로 널려 있습니다. 너무나 좋은 말씀들이 많이 있지만 진실로 내 영혼을 해갈하는 말씀은 오늘 이 자리에서부터 시작되어야 할 것 같아 그저 기도하며 강단에 오릅니다.

예수님도 우셨는데
내 눈물이 마르면 되겠습니까

기드론 골짜기를 사이에 두고 감람산과 성전산(시온산 혹은 모리아산)은 서로 마주 보고 있습니다. 예수님이 늘 기도하시던 겟세마네도 이 두 산 사이, 감람산 쪽 아래에 있습니다. 예수님이 즐겨 방문하셨던 나사로의 집도 감람산 뒤편 극빈촌 베다니였습니다. 나사로가 죽었을 때 우셨던 주님(요 11:35)은 감람산에서 성전을 바라보고 계셨습니다(눅 19:41).

우리 주님은 그 웅장한 헤롯 성전이 돌 위에 돌 하나도 남지 아니하고 무너지리라고 예언하시면서(눅 21:6) 급기야 "예루살렘의 딸들아"라고 부르시며 "나를 위하여 울지 말고 너희와 너희 자녀를 위하여 울라"(눅 23:28)고 하셨습니다. 마지막에 십자가를 지시기 전 겟세마네에서 하신 기도는 기름을 짜내듯 '땅이 땅에 떨어지는 핏방울'(눅 22:44) 같았다고 했습니다. 이 땅에 주님의 눈물이 섞여 있었을 것은 자명합니다.

성경에 예수님이 웃으셨다는 기록은 없지만 우신 것과 관

177

련된 기록은 세 번이나 있으며, 이 모든 일은 감람산에서 벌어졌습니다. 하나님의 영광이 지극한 성전이 가까운 곳에서 아이러니하게도 주님은 우셨고, 또한 울라고 하셨습니다. 우리에게 울 일이 많다는 것입니다.

하나님의 임재를 느끼는 예배의 현장에서도 우리는 많이 울어야 합니다. 성령님이 내재하셔서 이 시대의 성전 된 우리도 각자 많이 울어야 합니다. 아픈 분들과 같이 아파하며, 슬픔 당한 자들과 같이 슬퍼하며, 잃어버린 영혼을 향한 안타까운 눈물을 흘려야 합니다. 오늘도 가장 영광스러워야 할 성도의 모습이 거기에 미치지 못함에 주님의 십자가를 생각하며 울어야 합니다.

- 예수께서 눈물을 흘리시더라 요 11:35
- 가까이 오사 성을 보시고 우시며 눅 19:41
- 너희 보는 이것들이 날이 이르면 돌 하나도 돌 위에 남지 않고 다 무너뜨려지리라 눅 21:6
- 예수께서 돌이켜 그들을 향하여 이르시되 예루살렘의 딸들아 나를 위하여 울지 말고 너희와 너희 자녀를 위하여 울라 눅 23:28
- 예수께서 힘쓰고 애써 더욱 간절히 기도하시니 땀이 땅에 떨어지는 핏방울 같이 되더라 눅 22:44

178

영혼에 낀 지방간 빼려면
기도밖에 없습니다

교회 수양관에 처음으로 아무 일 없이 혼자 올라갔습니다. 수양관에 올라갈 때는 늘 사역 때문에 분주하고, 사역을 마치면 내려오느라 바빴던 터라, 제대로 주위를 만끽할 여유도 없이 오고 갔었습니다. 그러나 이번에는 특별한 사역 없이 기도만 하러 혼자 다녀왔습니다. 아직도 아침저녁으로 쌀쌀한 바람이 부는 수양관 언덕에서 엘시뇨 호수를 내려다보는 기분은 편안했습니다. 계시록에 보이는 '유리 바다'가 이런 것인가 싶을 정도로 평온한 호수가 저를 환영해 주었습니다.

분주하게 뛰어다니며 정신이 없던 저에게 "잘 왔다" 하시며 어깨동무 해주시는 주님의 음성을 듣는 듯했습니다. 예배 장소가 가지런히 정돈되어 있었습니다. 깨끗한 마룻바닥에 덩그러니 혼자 무릎을 꿇었습니다. 조용히 부르는 입술의 찬송이 예배실을 가득 메웠습니다. 읊조리는 기도가 제 귀에 우렁찬 함성처럼 들립니다. 오랫동안 닫혔던 문짝이 열리듯 신음하는 소리를 내며 마음의 문이 열립니다. 마음에 오래 묻어 놓았던 것들이 보이기 시작합니다. 끄집어 내려놓고, 또 내려놓고 다시 기도합니다. 뭔 짐을 이리도 많이 싸 놓았나 싶을 정도로 이민 가방 같은 짐을 많이 옮긴 것 같습니다.

갑자기 천마산 기도원 마룻바닥에 눈물 떨구며 기도했던 시절이 기억납니다. 천마산 기도원은 한국에서 다니던 모교회의 수양관입니다. 어린 시절, 하나님 앞에 '주의 종'으로 헌신했던 곳입니다. 목사가 되는 것 외에는 주님을 위해 사는 다른 길을 몰라, 신학교에 가겠다고 눈물 펑펑 흘리며 서원했던 그 시절이 떠올라 한참 기도했습니다. 몸이 아주 가벼워진 느낌입니다. 옛날 몸이 가벼웠던 만큼은 아니지만 많이 비운 느낌이 듭니다. 그렇지만 아직도 기름 낀 뱃가죽을 만지며 한참을 더 비워야겠다는 생각을 합니다.

수년 전 한국에서 종합검진을 받았을 때 지방간 판정을 받고 의사에게서 살을 빼라는 권고를 받은 적이 있는데, 아마 기도가 부족하면 영혼에도 기름이 끼나 봅니다. 계속 기도하며 비워야겠습니다. 항상 기도할 때마다 일을 놓고 기도했습니다. 기도로 준비하고 기도로 진행하고 기도로 마무리한다는 목표로 기도했습니다. 지금도 이 생각에는 변함이 없습니다.

그런데 일이 없어도 하는 기도가 꼭 필요하다는 생각을 합니다. 그것이 몸과 마음을 가볍고 자유롭게 하는 것임을 깨닫습니다. 기도가 일의 성패를 가름하는 비법으로만 존재하는 것이 아니라, 기도 자체가 주는 비결이 있는 것입니다. 발등에 떨어진 불보다 더 시급하고, 내 앞에 있는 문제보다 더 중요한 것이 기도입니다. 일이 있을 때만 기도하지 말고, 기도만을 위한 순수한 기도의 자리에 무릎을 꿇어 보면 저처럼 기름 빠지는 효과가 있을 것입니다.

복음과 능력은 그대로인데
우리가 변했습니다

베델에서의 사역을 시작하면서 지난 20여 년간 담임으로 목회한 세월을 뒤돌아보았습니다. 저의 사역에서 항상 먼저 꼽히는 주요 사역은 '한 영혼의 소중함'이었던 것 같습니다. 무슨 일을 하더라도 '복음 증거'를 떠나서는 아무런 의미를 가질 수 없다는 것을 알았기 때문에, 항상 생명의 복음을 전하는 일을 최우선으로 했습니다.

저에게 "목회를 어떻게 할 것이냐?"고 묻는 분들이 많습니다. 그때마다 제 대답은 이것이었습니다.

"단순합니다. 복음으로 승부를 걸겠습니다. 원색적인 목회로 승부를 걸겠습니다!"

지난 목회를 회고하는 가운데 제가 제일 먼저 붙인 교회 모토가 '한 영혼의 소중함을 간직한 교회'였음을 확인했습니다. 저의 목회는 30대 초반에도 '영혼 구원'이었듯이, 그 후 20년이 지난 지금도 '영혼 구원'으로 가라는 하나님의 신호라고 믿습니다.

2천 년 전 복음은 20년 전에도 복음이었고, 지금도 여전히 복음입니다. 복음과 그 능력은 조금도 변함이 없는데, 우리만 변한 것 같습니다. 경건의 모양은 있으나, 경건의 능력을 부인하는 (딤후 3:5) 전형적인 예가 복음을 전하지 않고, 또 전할 생각도 하지 않는 크리스천일 것입니다.

교회의 가치는 복음의 가치입니다. 교회가 소중한 이유는 주님의 보혈 때문입니다. 제자훈련을 받아야 하는 이유도 복음 때문입니다. 셀모임을 더 열심히 해야 하는 이유도 복음 때문입니다. 여기서 벗어나는 어떤 고상한 이유도 복음보다 앞설 수 없습니다.

너무 편하게
목회했습니다

갑바도기아는 로마제국이 기독교를 핍박하던 당시 신앙의 절개를 위해 지하 마을을 만들어 약 200년 이상 살았던 현장이 있는 곳입니다. 지하 10층까지 주거지는 물론 마구간, 부엌, 공동 우물, 환기통, 신학교와 예배실까지 만들어져 있었습니다. 흡사 마을이 아니라 한 도시였습니다. 이러한 도시가 200여 곳 발견되 었다는 말에 입이 떡 벌어질 수밖에 없었습니다.

이 지하 마을은 그냥 되는대로 만들어진 도시가 아니라 탁 월한 건축가의 설계로 치밀하게 만들어졌습니다. 핍박을 피해 지 은 지역이라 만약을 위해 적들의 공격에 대비하여 모든 통로를 한 사람이 겨우 통과하게끔 만들어 놓았고, 통로 곳곳에 차단 장 치를 만들어 적의 침입 시 미리 준비된 통로로 충분히 달아날 수 있도록 고안된 도시였습니다. 로마 군인이 쳐들어왔다면 그들 이 입고 있던 갑옷을 벗지 않고는 통과할 수 없게 통로를 만들어 10만 대군이 왔다 해도 지하 통로에서는 일대일로 싸울 수밖에 없는 방어 체계를 구축해 놓았습니다.

이렇게 지하에서 살게 된 믿음의 공동체 속에서 목회자의 역할은 한마디로 만능에 가까웠다고 합니다. 목회자들은 이 공동체를 신앙으로 이끌기 위한 영적 지도자였을 뿐만 아니라, 지하 도시 건설을 위한 건축가가 되어야 했고, 먹거리를 공급하기 위해 농사를 지어야 했습니다. 화산재로 덮인 지역이라 비둘기를 키워 비둘기 배설물로 퇴비를 만들어 경작을 가능케 한 농업 전문가였으며, 안전 보호 장치를 지역 곳곳에 설치해 수시로 로마 제국의 공격으로부터 공동체를 지켜야 하는 시큐리티 전문가였습니다. 만약의 경우 직접 나서서 싸워야 하는 군인이어야 했고, 양과 짐승들을 키우는 목축 전문가, 또한 염소나 양에서 나오는 우유로 가공 처리하여 치즈를 만들고, 옷들을 만드는 일도 목회자들이 해야 했다고 합니다.

우리를 인도하던 터키 가이드의 의미심장한 일침이 지금도 기억납니다.

"요즘 목사님들은 너무 편하게 목회하는 것 같아요."

물론 가이드가 당시 있었던 갑바도기아 신앙공동체의 전문가라 할 수 없지만, 제 귀에 지금도 담아 새기고 있습니다.

역사적으로 갑바도기아는 지금의 기독교를 이룩하는 데 지대한 공헌을 한 지역입니다. 왜냐하면, 4세기 갑바도기아 목회자들 중에는 위대한 신학자들이 있었습니다. 그중 바실과 나지안주스의 그레고리, 닛사의 그레고리우스는 지금의 삼위일체 신학을 정립한 목회자였습니다. 저는 갑바도기아 목회자들이 모든 일에 만능이었다기보다는 성경 전문가였다고 생각합니다. 핍박을 피해 나와 있는 상황에서 여차하면 고향으로 돌아갈 수 있는 임시 공동체였어도 목회자들은 대충 성경 읽고, 대충 설교하지 않았다는 것입니다. 분명한 것은 갑바도기아의 목회자들은 낮에는 농사 짓고 양을 치고, 밤에는 성경 연구하고 성도들을 돌보던 부지런한 자들이었습니다. 바빠서 성경 연구할 시간 없다던 이 사람은 갑바도기아에서 성찬식을 하며 많이 울어야 했습니다.

밑 빠진 독에 물 부어도
열매가 있습니다

남아프리카공화국에 도착했을 때의 첫 느낌은 광활함이었습니다. 아름다운 자연을 가진 나라, 펭귄과 함께 수영할 수 있는 지구상 유일한 나라, 아름다운 구름과 시원한 바다가 지구의 모든 오염을 씻어 줄 것 같은 땅끝의 보루같이 느껴졌습니다. 세계 7대 비경 중 하나로 꼽힌 케이프타운의 테이블 마운틴은 시시각각으로 구름과 함께 모양을 바꾸는 신비한 하나님의 식탁 같았습니다.

민주주의의 공평과 정의를 상징하는 넬슨 만델라의 나라이기도 한 남아프리카공화국은 기막힌 인종차별을 딛고 평등의 나라가 되었지만, 아직도 흑백의 차이가 빈부의 차이로 확연히 느껴졌습니다. 월드컵이 열렸던 나라이며, 세계 복음화 국제대회인 로잔대회가 있었던 나라입니다. 그러나 공항 근처에 즐비한 양철 지붕의 빈민촌은 사파리 필드보다 더 넓어 보일 만큼 이 나라가 해결해야 할 급선무처럼 느껴졌습니다.

나이지리아에 이어 아프리카에서 두 번째로 잘사는 나라임에도 잠시 머무는 동안 느끼는 빈곤의 문제는 어찌할 수 없나 봅니다. 결국, 생존의 문제 앞에서 남의 것을 도둑질하는 것이 부끄럽지 않은 나라가 되어 선교사님들의 안전이 항상 문제되기도 합니다.

베델교회의 첫 단기선교팀이 이곳을 방문했다가 권총 강도를 당한 빈민촌의 교회를 방문했습니다. 교회 지붕에 시원하게 뚫린 총알 구멍을 보면서 당시 상황을 실감할 수 있었습니다. 교인 집을 방문해 보았습니다. 지붕 위로 얼기설기 얽혀 있는 전기선들이 거미줄같이 하늘을 가리고 있었고, 한 평 남짓한 방에 퇴색된 10인치 컬러TV가 지지직거리며 켜져 있었습니다. 퀴퀴한 냄새가 나는 어두침침한 방에 네 식구가 살고 있는 모습은 안타깝기만 했습니다. 한인 선교사님들이 이곳에 교회를 개척하고, 유치원을 세워 사역하시는 현장을 보았습니다. 정부도 사회단체도 손을 놔 버린 것 같은 이곳에 손바닥으로 하늘을 가릴 수 없다고, 선교사님들은 꺼지기 직전 몸부림치는 촛불처럼 빛을 밝히고 있었습니다.

그래도 큰 눈망울에 까만 눈동자의 천진난만한 어린아이들이 이 나라의 미래였습니다. 그들에게 예수님의 사랑을 밑 빠진 독에 물 붓듯 부으며 섬기시는 선교사님들의 손길이 눈물겨웠습니다. 100여 년 전 우리나라에 오셨던 선교사님들은 어쩌면 더 기막힌 현실 앞에서 밑 빠진 독에 물 붓는 사역을 하셨을 것입니다. 지금 우리가 그 열매이듯, 남아프리카공화국을 향한 하나님의 일하심도, 정부나 어떤 힘 있는 부자의 손이 아니라 이름도 없이 빛도 없이 밑 빠진 독에 물 붓는 선교사님들을 통해서 진행되고 있음을 믿습니다. 비록 안전을 위해 노심초사하는 스트레스가 있지만, 오늘도 그 백성을 사랑하기 위해 문을 열고 나가는 선교사님들을 위해 기도하게 됩니다.

성찬식은
예수님과 한편 먹는 날입니다

　매주 수요일 저녁, 성경 먹방 시리즈를 하면서 우리나라 말에 많이 나오는 '먹는다'는 표현이 참으로 다양함에 새삼 놀라고 있습니다. 나이 드는 것도 나이 '먹는다', 결심을 세우는 것도 마음 '먹는다'는 한국적 표현을 주목한 이어령 박사의 강의도 흥미로웠지만, 성찬식에 대해 공부를 하면서 더욱 '먹는다'는 표현이 지극히 성경적임에 다시 한 번 놀랐습니다.

　성찬식은 예수님이 십자가에 돌아가시기 전, 제자들과의 최후의 만찬에 기인합니다. 떡과 잔을 나누시며 '나를 기념하라'고 하신 말씀에 따라 우리는 성찬식을 거룩한 예식으로 지난 2천 년 동안 해오고 있습니다. 그러나 성찬식은 한낱 예식으로만 남아 있는 기독교의 의식이 아니라, 매일 주님과의 동행을 촉구하고, 그 은혜를 상기하는 현실적인 의미를 가지고 있습니다.

　만약 부부의 사랑을 상기하기 위해서 한 달에 한 번 결혼예식을 행한다면 어떨까요? 서먹한 면도 있겠지만 아마 부부의 사랑을 유지하는 데는 큰 효과가 있을 것입니다. 성찬식은 분명히 우리가 망각하기 쉬운 하나님의 은혜를 상기하는 데 그 의미가 있습니다. 그리고 단순히 기억을 돕는 수준의 상기가 아니라 실질적인 하나님과의 관계를 체험하게 하는 지대한 효과가 있음을 성경은 말씀하고 있습니다. 성도들이 성찬식을 제대로 하지 못해서 병들고 약한 자들, 심지어 잠자는 자들도 있다고 사도 바울이 말하고 있는 것을 미루어 짐작할 때, 우리가 올바르게 성찬식에 임하면 건강한 신앙생활에 활력을 얻을 수 있음을 간접적으로 알 수 있습니다(고전 11장).

성찬에서 주님의 살과 보혈을 상징하는 떡과 잔을 먹는 것은 주님과 아주 친근한 관계로 들어간다는 의미입니다. 이는 단순히 우리가 예수 믿는다는 사실을 기억하는 수준이 아니라 주님과의 끈끈한 관계를 확인하는 실질적인 방법이라는 것입니다. 주님과의 관계가 소원해지고 기도가 식어 갈 때 다시 주님과 가까운 관계로 들어가는 것을 의미합니다. 주님과 '한편 먹는다'는 차원에서 이 성찬을 먹는 것입니다.

내 주위에 아무도 없는 것 같을 때 성찬식에 임하십시오. 예배의 은혜가 메말라 갈 때 성찬식에 참여하십시오. 삶의 의욕이 식어질 때 성찬식에 참여하여 떡과 잔을 받아먹으십시오. 하나님의 은혜가 우리를 다시 일으킬 것이며 삶의 활력이 솟아날 것을 믿습니다. 다가오는 성찬식을 사모하고 예수님과 '한편 먹기' 위해서 세례 받는 일을 준비할 수 있기를 바랍니다.

주님을
사랑하니까요

사랑하면 나타나는 증후군이 있습니다. 사람이 유치해집니다. 정신연령이 낮아집니다. 주위 사람들을 아랑곳하지 않습니다. 시도 때도 없이 히죽거리며 웃습니다. 혼자 있을 때는 멍할 때가 많습니다. 특히 맛있는 것 먹다가 멈춤 동작으로 들어갈 때가 많습니다. 그리고 돈을 많이 쓰기 시작합니다. 예쁜 가게를 그냥 지나치지 않고 한참을 들여다보는 습관이 생깁니다.

주님을 사랑하면 나타나는 증후군도 그리 다르지 않습니다. 사람이 유치할 정도로 착해집니다. 정신연령이 낮아진 것처럼 겸손해집니다. 사람 눈치를 보거나 체면을 따지지 않고 주님이 원하시면 주저 없이 달려갑니다. 일하면서 히죽거립니다. 그러나 실없어 보이지 않고 행복해 보입니다. 가끔 멍할 때가 있지만 알고 보면 속으로 기도하며 하나님께 잠깐 잠깐 아뢰는 시간입니다.

하나님과 데이트하는 시간을 즐깁니다. 아무리 바빠도 하나

192

님을 만나는 멈춤 동작이 그 사람의 하루를 기둥처럼 붙들어 줍니다. 헌금을 기쁨으로 합니다. 감사가 넘치고 돈 버는 이유도 달라졌다고 간증합니다. 주님께 받은 은혜에 늘 감사해서 틈만 나면 어떻게 보답할 수 있을까 예쁜 생각을 종종 하게 됩니다.

누가 우리에게, 왜 그 일을 하고 왜 그 모습을 하고 있느냐고 묻는다면 우리의 답은 "사랑하니까요"입니다. 이 답이 진심일 때 우리는 주님 앞에서 살아가고 있는 것입니다.

누군가 오늘 여러분에게 묻습니다. "왜 아침에 이렇게 일찍 일어나세요?", "힘든 상황인데도 웃음을 잃지 않으시네요. 비결이 뭐죠?", "왜 일요일에 놀러 가지 않고 교회에 가세요?", "돈도 안 생기는 일을 왜 이렇게 열심히 하세요?", "왜 이런 일에 피 같은 돈을 쓰세요?", "왜 정기적으로 운동하세요?", "학생은 박사 되려고 하나 봐. 공부를 왜 이렇게 열심히 하나?", "출근을 제일 일찍 하시네요. 특별 수당이라도 받나요?"

이 모든 질문에 우리의 답은 "주님을 사랑하니까요"입니다. 그렇게 되어야 합니다. 연애를 해도 사람이 달라지는 사랑 증후군이 있는데, 하나님과 연애하는 사람에게 나타나는 증후군이 왜 없겠습니까? 훨씬 더 높고 깊게 그리고 넓게 달라지는 사랑 증후군이 있어야 합니다.

"오늘 왜 주일예배에 오셨나요?", "왜 말씀을 읽고 들으시나요?", "왜 주차장에서, 부엌에서 섬기시나요?" 이 모든 질문의 답도 "주님을 사랑하니까요"입니다. 성도들이 삼삼오오 모여 활짝

웃는 모습으로 담소를 나누고, 식탁 교제에 행복을 꽃피우고, 오랜만에 만난 친구들과 정겨운 악수를 나누는 모습에도 주님 사랑하는 모습들이 묻어납니다. 천재 화가도 담아 낼 수 없는 참 행복한 주일의 모습입니다.